事業承継成功のトリセツ

事業承継コンサルタント 佐藤良久
相続不動産コンサルタント 山田隆之
M&Aアドバイザー 笹山 宏
弁護士 辻本恵太
企業経営・経営承継アドバイザー 渡辺 昇
中小企業診断士 林 薫
採用コンサルタント 細谷一樹
損保M&Aコンサルタント 高橋大二

幻冬舎MC

事業承継成功のトリセツ

はじめに

　最近は書店に行くと事業承継やM&Aに関する書籍を多く目にするようになりました。一方で、読者の皆様からすると、どの書籍を選べば自分の目的を達成することができるのか分からないのが本音ではないでしょうか？

　私たちは普段、地元である埼玉県に根を張り事業承継などのサービスを展開していますが、誰に相談したらよいか、どのようなサービスを利用すればよいか、そもそもがよく分からないという話をたくさん伺ってきました。そこで、様々な立場で事業承継に関わってきた私たちが知恵を出し合って事業承継のエッセンスを一冊に凝縮することで、皆様が迷わずに相談できたり、しっかりと理解をした上でサービスを利用していただいたりすることができるのではないか、と思いました。そこで出版経験が多い佐藤が取りまとめ役となり事業承継にかかるサービスにおいて実績のあるメンバーに声がけしてこの書籍が生まれました。

　第一章では、事業承継の概況を踏まえて、事業承継は誰に相談すればよいのか？　第二章ではなかなか理解をしていただけない部分である事業承継対策の重要性を述べています。第三章では、事業承継の中でもニーズの高いM&Aについてボリュームを割いて書かせていただきました。第四章では事業承継にかかる重要な法務について、第五章では事業承継においては注目されづらい人材の部分にあえてフォーカスいたしました。最後の第六章では、実際に事業承継を経験した筆者の体験談を踏まえた実例などを取り上げております。

私たち著者全員が経営者であることから、事業承継を考えられている経営者の皆様のお気持ちが分かります。この書籍では、それぞれの章において執筆者のプロフィールを掲載させていただいていますが、連絡先も書かせていただくこととしました。これは、書籍を読んでいただいた方が私たちに相談しやすいようにしたかったからです。私たちも書籍を通じて一方的に知識を伝えるだけではよくないと思っていました。この書籍がご縁となり埼玉県の経営者の皆様とつながることができたらこれほど嬉しいことはありません。

本書を通じて、事業承継という場面で私たちが実際にどのように皆様のお役に立つことができるのか。共著者それぞれが行う仕事の中身や、その仕事にかける想いを知っていただくことにより、今より少しでも皆さんにとって身近な、頼れる存在になれたらと願っています。

共著者を代表して　佐藤良久

目次

第一章

事業承継はどこに、誰に相談すればいいの？

佐藤良久・山田隆之・渡辺昇

1　日本における企業の状況について

日本の規模別企業数の推移を見ると、【図1】の通り、この20年間で減少の一途をたどっていることが分かります。特に、小規模企業・中規模企業から構成される中小企業は、1999年には490万者弱であったものが、2016年には350万者強と、実に3割もの減少となっています。

また、【図2】の通り、働く人の7割以上が中小企業で働いており、雇用を支える中心的な存在となっていることが分かります。

さらに、『中小企業白書』(2021年版)によると、2020年の1年間に休廃業または解散した約5万社の企業のうち、6割以上が直前決算で黒字であったということで、このペースで中小企業の廃業が進むと、2025年までには数十万社にのぼることが予測されます。

こうした状況から見えてくることは、今のまま中小企業の廃業が進むと、単に働く人の職場が失われることのみならず、長年にわたる実績や培われてきた技術も一緒に失われることになりかねないということです。

【図１】　規模別企業数の推移

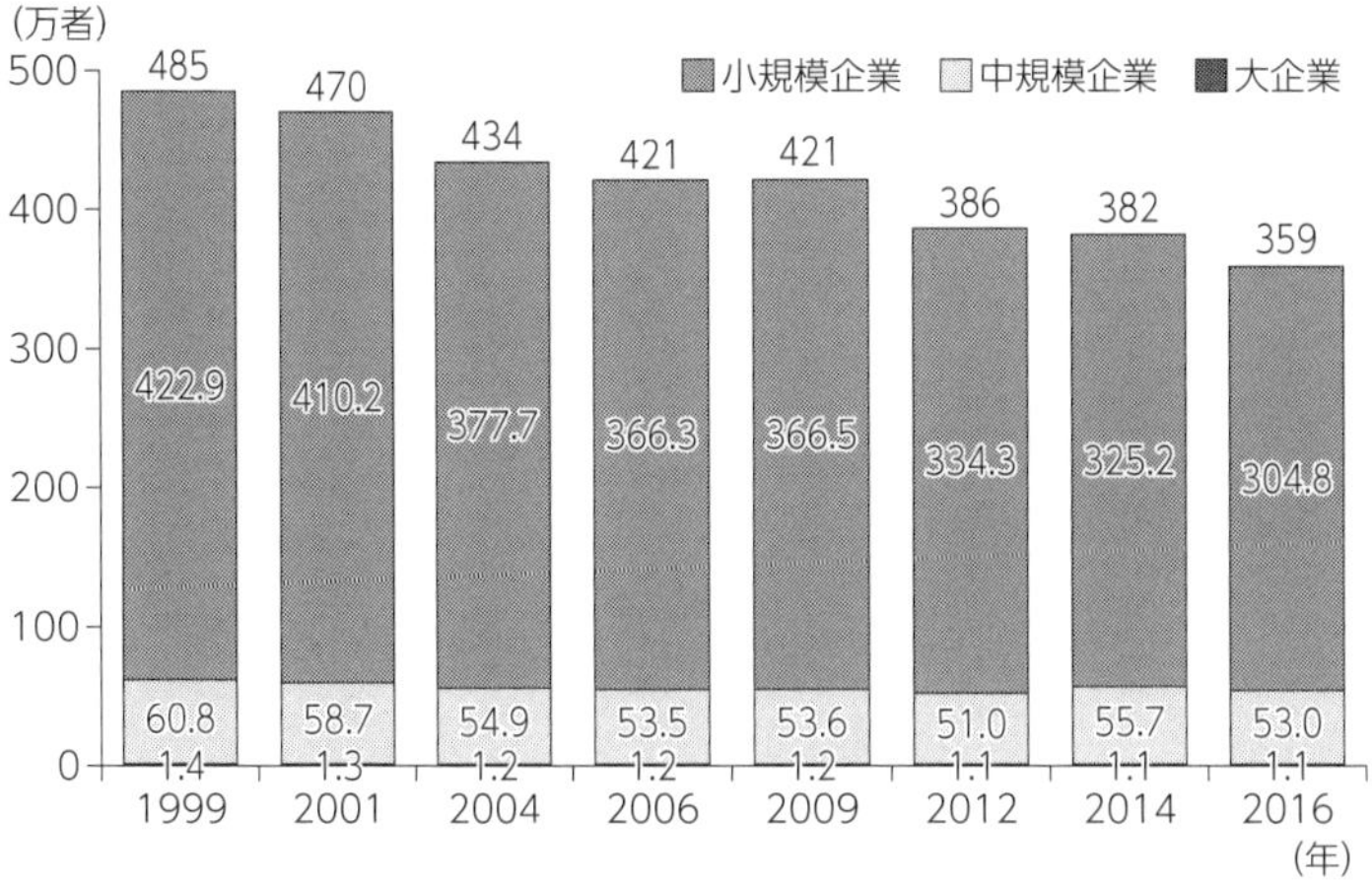

資料：総務省「平成11年、13年、16年、18年事業所・企業統計調査」、「平成21年、26年経済センサス-基礎調査」、総務省・経済産業省「平成24年、28年経済センサス-活動調査」再編加工
（注）1.　企業数＝会社数＋個人事業者数とする。
2.「経済センサス」では、商業・法人登記等の行政記録を活用して、事業所・企業の捕捉範囲を拡大しており、「事務所・企業統計調査」による結果と単純に比較することは適切ではない。
3.　グラフの上部の数値は、企業数の合計を示している。

【図２】　大企業と中小企業の従業員数

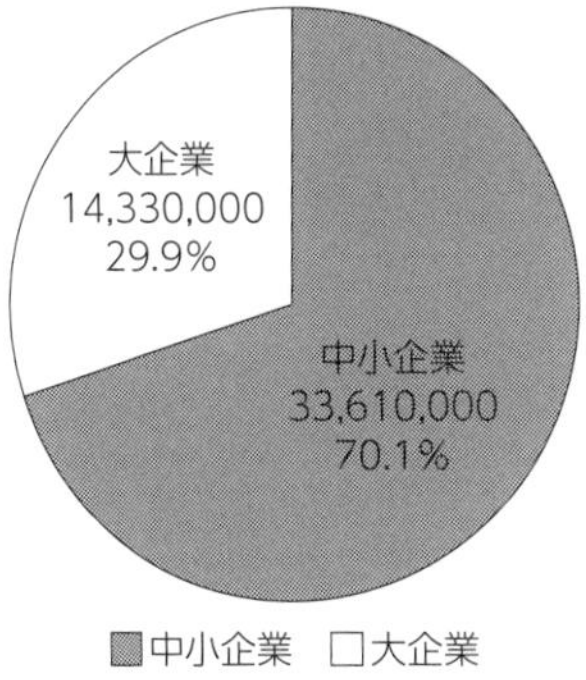

（データ元：平成26年「経済センサス-基礎調査」）

1990年代はじめのバブル経済崩壊以降の日本は、さまざまな景気浮揚策によって何とか持ちこたえてきたとはいえ、30年近くにわたって賃金の上昇といった経済成長を実感するには至っておらず、経済を支える中小企業の廃業がこのままさらに進むということは、経済成長の足掛かりを失ってしまうという危機的状況を迎えているということに他なりません。

昨今では、公的機関や民間事業者を含め、廃業抑止に向けたサポートなど、さまざまな取り組みがなされていますが、目に見える形で廃業件数が減るといった状況の改善には至っておらず、まさに、〝未曽有の国難〟という状況に瀕していると言っても過言ではないでしょう。

それでは、この現状をより深く客観的に認識するため、実際に廃業を決めた経営者への調査より、「廃業を決意した理由は何であるのか」、また、「廃業を回避できる可能性のあった取り組みにはどのようなものが考えられたのか」、ということについて、調査会社のデータを元に考えていきます。

【図3】より、廃業を決断した最大の理由は、「経営者の高齢化、健康（体力・気力）の問題」（48・3％）となっています。

「事業の先行きに対する不安」、「主要な販売先との取引終了」といった、事業性そのものが廃業事由となっているケースは合わせて2割程度であることから、事業は順調であったにも拘わらず、経営者が高齢となり、やむを得ず廃業に至ったケースが多発しているという状況がうか

【図３】 廃業を決断した理由

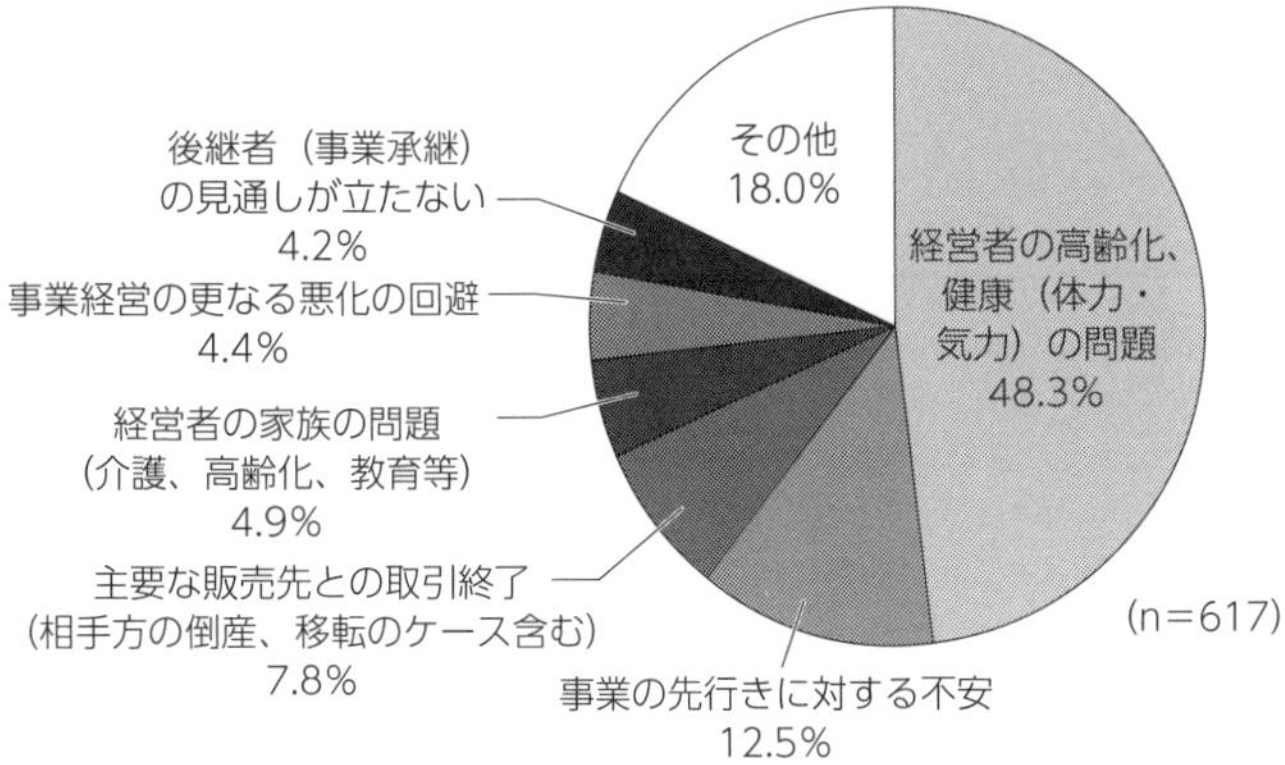

資料：中小企業庁委託「中小企業者・小規模企業者の廃業に関するアンケート調査」
（2013年12月、帝国データバンク）
（注）1. 回答割合が3%以下の回答を「その他」に含めた。
2. 「経営者の高齢化・健康問題」及び「体力・気力の問題」と回答した割合の合計を、「経営者の高齢化、健康（体力・気力）の問題」として表示している。

【図４】 廃業を回避できる可能性のあった取組み

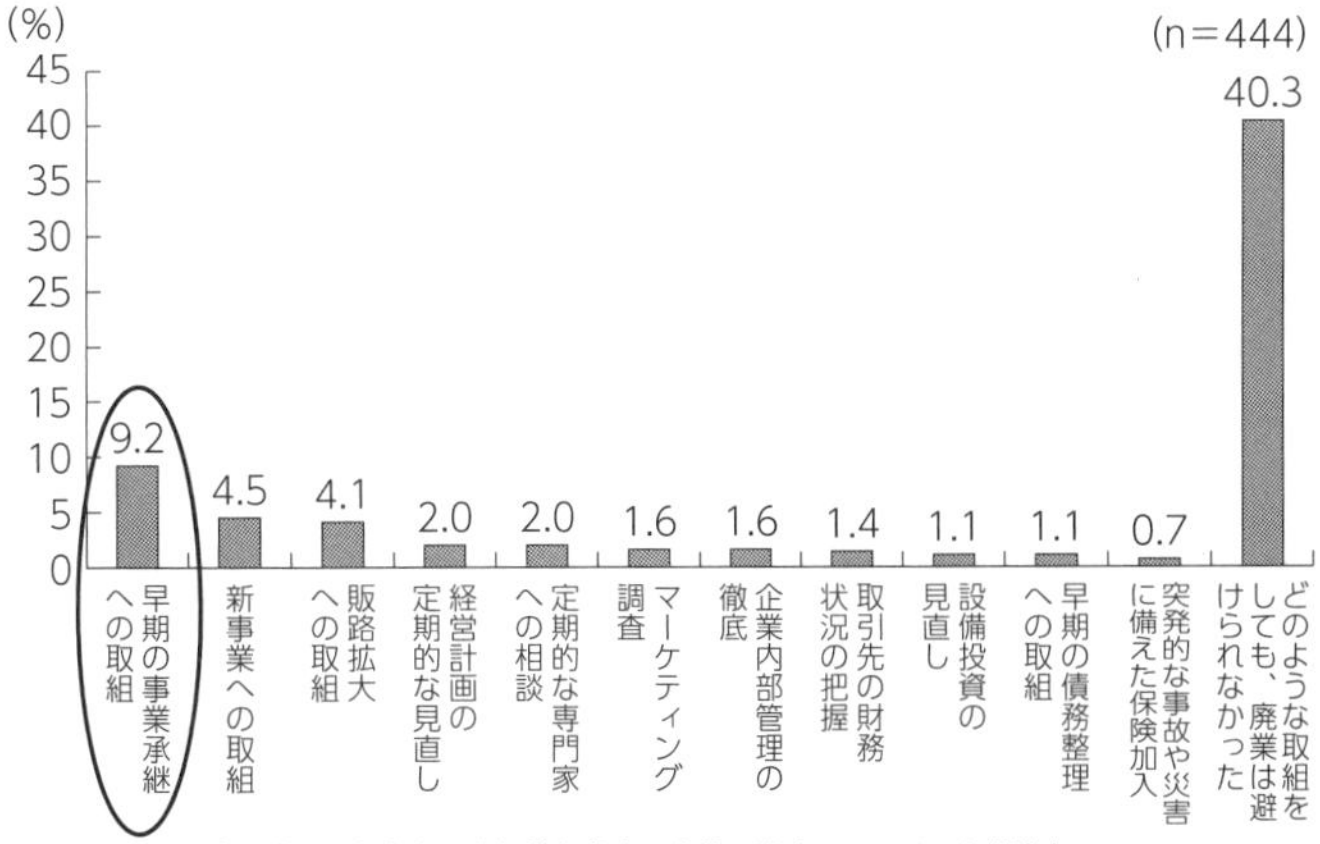

資料：中小企業庁委託「中小企業者・小規模企業者の廃業に関するアンケート調査」
（2013年12月、帝国データバンク）
（注）1. 取組の上位1～3位を挙げてもらい、1位の選択肢を集計している。
2. 「その他」については表示していない。

がえます。

次に、【図4】より、廃業を回避するため可能性のあった取り組みは、「どのような取り組みをしても廃業は避けられなかった」という回答が突出しているものの、注目すべきは、「早期の事業承継への取り組み」を挙げたケースが次点となっている点です。

また、【図4】で他に挙げられた事由については、「新事業への取り組み」や「販路拡大」、「経営計画見直し」、「専門家への相談」といったものがありますが、こうした関連した取り組みを含めて事業承継と一体で早期から計画的に取り組んでいたら、廃業は避けられたのではないか、という実態も併せて浮かび上がってきます。

コラム ● 埼玉県における企業の概況

2016年時点で、埼玉県の県内に本社等がある法人及び個人経営の事業所からなる企業数は17万223社で、14頁のグラフの通り、2009年以降一貫して減少傾向にあることが分かります。同年の全国の企業数は385万6457社で、そのうち5％弱を埼玉県の企業が占め、埼玉県の企業数は、東京都・大阪府・愛知県・神奈川県に次いで、全国で第5位にランキングされています。

産業別では、「卸売業、小売業」が約2割を占め、次いで「建設業」となっています。

企業数を2012年と比較すると、▲1・3万社、▲7％の減少となっていますが、これは全国の企業数減少率（▲6．6％）とほぼ同水準であり、埼玉県も全国と同様、事業承継を巡る課題に直面していることが分かります。

2012年と比べ、特に減少率が大きい産業は、「製造業」（▲13・2％）、「建設業」（▲8・6％）「卸売業、小売業」（▲8・2％）、となっており、元々企業数の多い主力の産業において廃業が目立つ状況となっています。

埼玉県には歴史にゆかりのある地域が多く、全国に名を誇る技術や名産品も数多く存在します。こうした貴重な資源と財産をいかに次世代へ継いでいくかが、まさに喫緊の課題になっていることを改めて考えさせられます。

以上、本項で取り上げた廃業の実態を踏まえた上で、次項では、事業承継を取り巻く環境が現在どうなっているのかを確認します。

埼玉県　企業数の推移

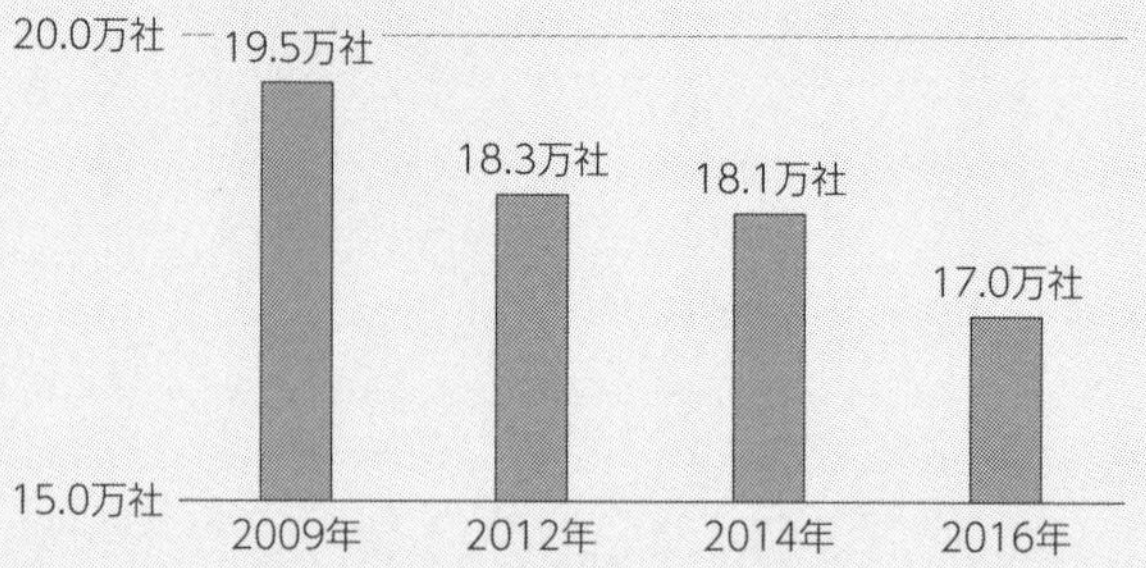

埼玉県　産業分類別企業数（2016年）

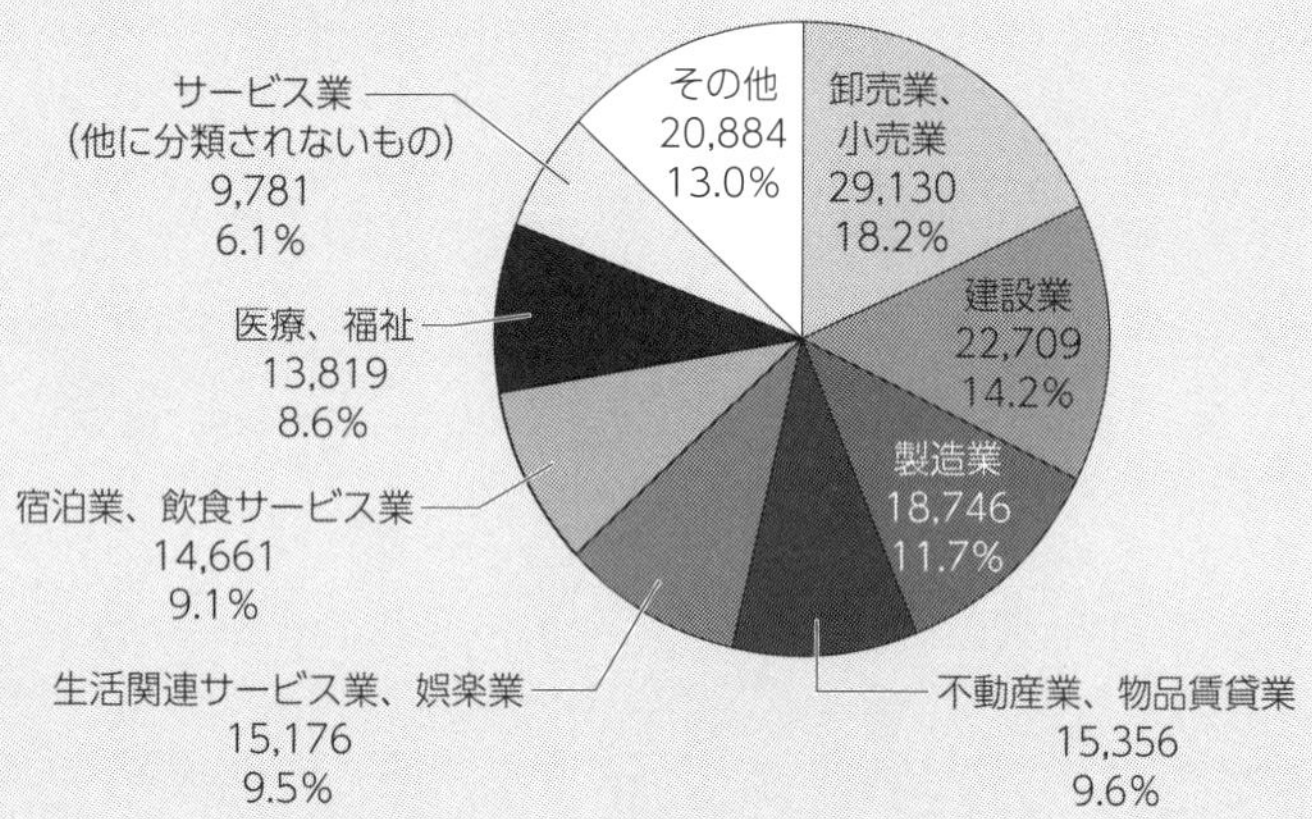

※各数値・グラフ　データ元:
埼玉県総務部統計課
『平成28年（2016年）　経済センサス-活動調査結果』
平成30年8月31日発行を加工して作成

【図5】　経営者の平均年齢と後継者

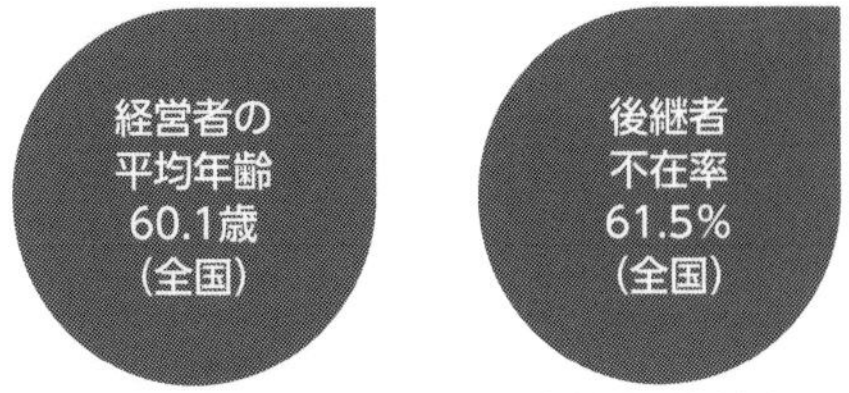

出典：「全国社長年齢分析」帝国データバンク2021年2月　　出典：「後継者不在率」帝国データバンク2021年11月

2　事業承継を取り巻く環境

事業承継を取り巻く環境として、気になる二つの数字があります（【図5】参照）。

一つ目は、経営者の平均年齢です。

今から約30年前の1990年には平均50代前半であったものが、年々上昇し、直近の調査ではついに60歳を超える状況に至っています。これは、年齢に関係なく第一線で活躍する経営者が増えているということを意味しますが、生涯現役という前向きな捉え方ができる一方で、同時に大きな課題を抱えていることが、次に伝える数字から浮かび上がってきます。

二つ目は、後継者不在率です。

驚くべきことに、後継者が決まっていないというケースが、6割を超えています。

この二つの数字が物語ることは、経営者が60歳の還暦を超え

【図6】 事業承継 先代経営者との関係性

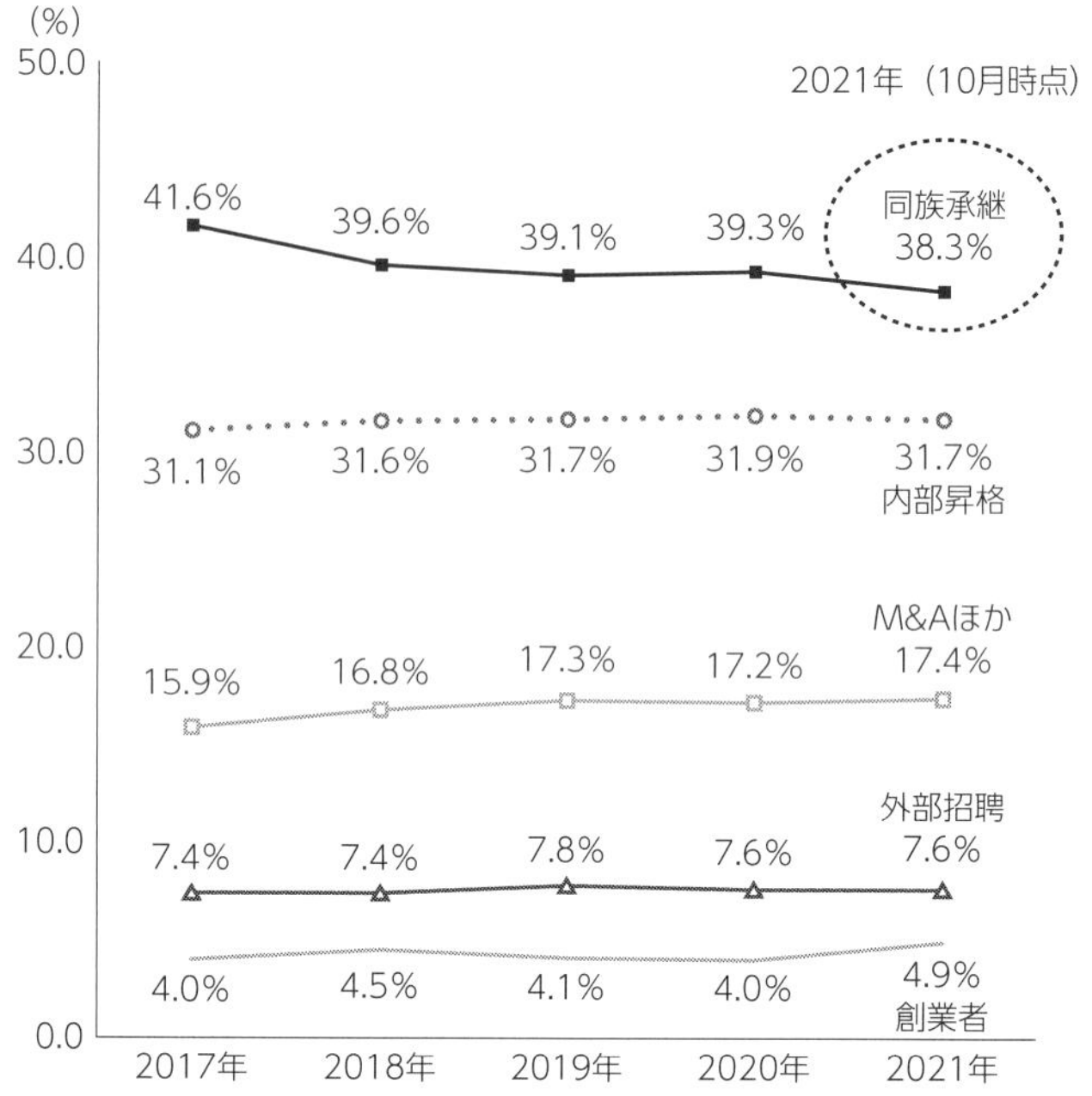

（データ元：帝国データバンク 特別企画：全国企業「後継者不在率」動向調査（2021年））
［注1］～2019年の数値は、過去調査時の最新データ
［注2］「M&Aほか」は、買収・出向・分社化の合計値

ているにもかかわらず、その半数以上のケースで後継者が決まっておらず、経営者の引退とともに会社が廃業に至りかねないという状況にあるということです。

一昔前であれば、経営者の子どもをはじめとする親族が家業を継ぐということは当たり前という感覚でしたが、最近では年々その割合は低下し、そもそも承継しない・承継させない、といった判断をするケースも一般的になってきています（【図6】参照）。

その理由はさまざまです

が、経営とは大変厳しいものであることを経営者もその子どもも熟知しており、承継によってそのような苦労をするくらいであれば、そもそも承継しない・承継させないという結論に至ることも、現実的によくあるものと推察されます。

よく、「二代目になって会社が傾いた」などと評されるケースがありますが、経営者に求められるスキルやマインドは並大抵のものではありません。人口減少などでただでさえ以前のような右肩上がりの経済成長が望めず、世界のグローバル競争にさらされる厳しい経営環境の下、創業以来の苦労を知らない二代目が新たな経営者として会社を率いていくことがどれほど困難なことであるかを端的に表している言葉であると思われます。

3　事業承継とは？

ここでは、そもそも「事業承継」とは何であるのかということについて、順に考えてまいります。

(1)　そもそも事業承継とは何か？

「事業承継」の解釈は多岐にわたっており、定義としてこれといった明確なものはありません

【図7】　事業承継の構成要素

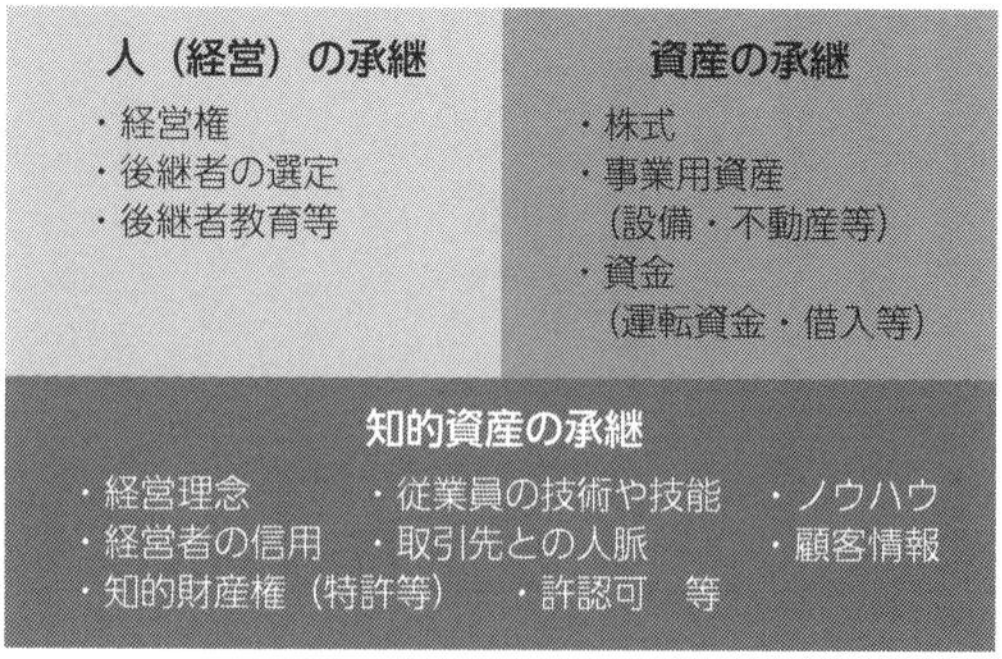

人（経営）の承継	資産の承継
・経営権 ・後継者の選定 ・後継者教育等	・株式 ・事業用資産 　（設備・不動産等） ・資金 　（運転資金・借入等）

知的資産の承継		
・経営理念	・従業員の技術や技能	・ノウハウ
・経営者の信用	・取引先との人脈	・顧客情報
・知的財産権（特許等）	・許認可　等	

（データ元：中小企業庁「事業承継ガイドライン」（第3版）2022年3月）

が、中小企業庁が定めた『事業承継ガイドライン』によると、【図7】が示す通り、「人（経営）の承継」、「資産の承継」、「知的資産の承継」と、三つの要素を包含したものと捉えることができます。

しかし、事業承継においては、身近で関心の向きやすい、「株式の承継」、「代表者の交代」ばかりがクローズアップされ、税金にも大きく関係する株式評価額をどうするかといった目先のテクニック論に陥りやすい傾向も否定できません。

三つの要素から構成される、「事業そのものを承継する取り組み」という観点を元に、事業承継に計画的に取り組んでいくことこそが、事業承継を成功させる最大のカギになると考えられます。

（2）事業承継　主な3つの手法

①親族内承継（同族承継）

経営者の子どもが後を継ぐといった、誰の目から見ても最も分かりやすい方法です。以前に比べると比率は減少傾向にあるとはいえ、依然として最も多い方法（【図6】参照）であり、4割弱のケースを占めています。

②親族外承継（社内承継）

経営者の親族関係にはないが、社内の有力な役員・社員等が事業を承継することを指し、内部昇格とも言うことができます。

親族内承継に次ぐケースとして全体の3割強を占めており（【図6】参照）、事業や会社の内容をよく理解した者が経営を引き継ぐことを言います。

また、社外の第三者を代表として迎える「外部招聘《しょうへい》」のケースもこれに含まれます。

③外部承継（M&A）

経営者が、保有している株式を、親族でも社内でもない外部の第三者へ譲渡・売却するなど、経営権そのものを手放し外部へ引き継ぐことで、会社売却などのM&Aを指します。

この場合の手法は多岐に渡ります。例えば、株式全数を売却したり、外部から新代表者と合わせて一部出資を受け入れる方法や、会社の一部事業を切り分けて売却する会社分割の方法、会社はそのまま営業権だけを個別に譲渡する事業譲渡といったさまざまな方法があります。

この場合はかなり専門的な知識と対応が必要となりますので、M&Aの専門支援会社を活用

【図8】　事業承継　3手法の比較

	メリット	デメリット
①親族内承継（同族承継）	・社内外の同意を得やすい	・後継者の適性判断が困難 ・経営者保証債務の承継が困難
②親族外承継（社内承継）	・承継時の引き継ぎが円滑	・経営者保証債務の承継が困難
③外部承継（M&A）	・承継に伴う対価が得られる	・手続きに高度な専門性が必要 ・承継後の経営方針の変化

する進め方が一般的です。

（3）三つの手法の比較

具体的にどの方法が好ましいかはケースバイケースであり、個別に状況を鑑みて判断していくことになりますが、各手法にもメリットとデメリットが存在し、これらをまとめたものが【図8】になります。

近年は【図6】の通り、親族内承継が減少し、外部承継（M&A）のウエートが高まりつつあります。

後継者が見つからないことによる廃業を避けるという点では、確かにM&Aは有効ですが、手続きは複雑で計画的に進めていかなければならず、そもそも対価を支払ってでも経営権を獲得するという買い手が存在するのかという、会社の事業性そのものに関する評価も必要となりますので、経営者だけで手続きを完結させることは難しいというのが実態です。

また、M&A以外の手法である同族承継や社内承継に関しては、外部承継（M&A）に比べた場合の手続き自体は複雑ではありませんが、後継者としての適性判断や、経営者保証債務がある場合の地位承継がネックになるといった課題が考えられます。

また、株式の承継を行うに際して、純資産が大きい法人の場合には承継に伴い発生する税金が高額になってしまうこともあり、具体的にいくらの税金が発生し、どのように金銭を賄うかといったことも専門家を交えて予め考慮し、承継プランに織り込んでおくことが求められます。

以上を踏まえて、具体的な手法を定めていくことになりますが、大切なことは、事業承継を進めるに際して、会社および事業の現状について十分認識した上で、どのような手法が適切であるかを判断することと、事業承継完了まで数年単位の長丁場となる過程を見える形で計画化し、さらには承継後の経営方針についても予めよく検討しておくことです。

誰が承継するかといったことに関心が集中してしまうと、肝心の「事業を承継する」という主旨から逸れてしまうことにもなりかねません。承継全体のロードマップを定め、全体の中で承継手法の選定を含め、各過程の位置付けについて認識することが、円滑な承継を進めるためのカギとなります。

【図9】 事業承継　ロードマップ（概要）

① 現状認識

↓

② 手法の選択

↓

③ 事業承継計画の作成

↓

④ 従業員・取引先への伝達・説明

↓

⑤ 事業承継の実行

（4）事業承継に向けたロードマップ

事業承継を進めていく上では、承継の実行に至るまでにどのような過程を経ていくことが必要となるか、全体のロードマップを把握することが大切です。

そのロードマップの概要を示したものが、【図9】です。

このロードマップ上の各ステージにおいて、具体的にどのようなことに取り組むことになるのか、以下、ポイントとなる事項を確認してまいります。

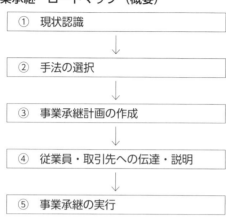

① 現状認識

まずは、会社や事業に関する現状を整理し、課題を認識することからスタートします。

一般的に、会社の財務内容や株式評価額といったところに関心が向かいがちですが、事業承継を前提に現状を認識するにはそれだけでは不十分であり、幅広い観点から会社の事業を見つめ直すことが必要です。

DXなどの技術革新により、既存のビジネスモデルの多くは変革を迫られています。事業環境の大きな変化に伴い、従前のビジネスモデルのままでは将来的に通用しなくなるケースも考えられます。

そこで役立つのが、公的機関がフォーマットを定め、活用を提案している各種の「現状認識ツール」の活用です。ここでは代表的な以下二つのツールを取り上げます。

・「ローカルベンチマーク」（経済産業省）
経済産業省HPによる説明は以下です。「ローカルベンチマーク（略称：ロカベン）とは、企業の経営状態の把握、いわゆる「企業の健康診断」を行うツールです。企業の経営者と金融機関・支援機関等がコミュニケーション（対話）を行いながら、ローカルベンチマーク・シートなどを使用し、企業経営の現状や課題を相互に理解することで、個別企業の経営改善や地域活性化を目指します」

ローカルベンチマーク・シートとは、「6つの指標」（財務面）、「商業・業務フロー」、「4つの視点」（非財務面）の3枚組シートとなっており、事業の細部や強み・弱みを把握することが可能な構成となっています。
・「経営デザインシート」（知的財産戦略本部〔内閣府〕）

首相官邸HPによる説明は以下です。「経営デザインシートは、企業等が、将来に向けて持続的に成長するために、将来の経営の基幹となる価値創造メカニズム（資源を組み合わせて企業理念に適合する価値を創造する一連の仕組み）をデザインして在りたい姿に移行するためのシートです」

こうしたツールを利用し、財務内容や株式評価額といった目に見える項目以外の視点に着眼し、承継対象となる事業や会社の強みや弱みを分析し、望むべき事業承継後の姿について具体的に捉えていくことで、解決すべき現状の課題をより明確にすることが必要です。

②手法の選択

次に、具体的に誰が承継するかを決める過程に入ります。

手法としては【図8】で触れた通りの3手法がありますが、先に実施した現状認識に基づき、どの手法が最も妥当であるか検討します。また、明らかに事業性を欠いてしまっていたり、承継に際して存在する問題が深刻で対処不可能といった場合は、第4の手法として「事業承継せず廃業する」といった選択肢も考えられない訳ではありません。

ただし、複数の事業を営んでおり、全社そのままでの承継は難しいが、そのうち一部事業に価値や将来性を見込むことが可能である場合は、一部事業を切り出して承継することで、全体での廃業を避けるといった手法も考えられます。

具体的には、会社分割や事業譲渡といった手法となりますが、検討に際してはかなり専門的な知見が必要となるため、専門の支援機関などに相談の上、慎重に検討していかなければなりません。

③事業承継計画の策定

次に、事業承継計画を立案する過程に入ります。

一口に「事業承継計画」といっても、具体的にどのようなものかイメージしにくいところですが、一例として、経済産業省から、「事業承継計画表」のフォーマットが公開されており、作成のためのサポートツールがホームページで公開されています。この他、日本政策金融公庫といった公的金融機関も同様の事業承継計画の様式例を公開しており、経済産業省の様式とはいくらかの相違も見られます。共通していることは、財務や株式所有ということ以外にも焦点を広げ、事業や会社そのものへの理解を深めようとする試みがなされていることです。

こうした事業承継計画を実際に作成し、向こう10年間を見据えることで、何が承継に際して取り組むべき課題であり、具体的にどのように解決を図っていくかということが明確となります。事業承継を円滑に進めていくためにも、こうした計画を策定し、策定した後も定期的に計画の進捗度を確認するプロセスを踏んでいくことは大変重要です。

④従業員・取引先への伝達・説明

事業承継計画が定まった後は、いよいよ従業員や取引先への伝達となります。

次の経営者は誰になるのかといったことは関係者であれば誰しもが関心を抱くことで、従業員の間でもさまざまな憶測が飛び交ったりするため、伝達するタイミングを慎重に見極める必要があります。

また、一旦次の承継者を公表した後で、承継者を変更することは会社の信用を失墜することにもなりかねず、事業承継計画を含めてしっかり内容が固まった段階で、万全を期して関係者へ伝えられなければなりません。

既存の取引先に対しても伝達することは欠かせませんが、注意を要するのは、取引契約において株主が変更となる場合の扱いが特別に定められているケースです。事前通知をしなければならない約定があるケースもあり、各種契約条項を確認し、不備のないよう手続きを進める必要があります。

特に、外部承継（M&A）の場合は、従業員や取引先にとって、これまで接点がなかった未知の人が新経営者になるということで、不安感や警戒心を持たれがちです。伝達する際には、事業承継の実施時期を鑑みながら適切なタイミングで伝達し、関係者の懸念を和らげるよう努め、スムーズに承継していく必要があります。

⑤事業承継の実行

こうした一連の過程を経て、いよいよ事業承継が実行されます。

具体的には、商業登記の代表者登記変更や株式の移転など、主に各分野の専門家を中心にした手続きが行われることとなります。また、各種契約書や金融機関口座の代表者変更など、必要の有無を含め、細かな手続きが同時に多数発生するため、不備のないよう予め入念な確認と準備をしておくことが求められます。

こうして、関係者一同にとって、無事にゴールにたどり着いたという安堵の感をようやく抱く段階を迎えるとともに、承継した新経営者にとっては、ここが新たなスタート地点となります。

4　事業承継に関わるプレーヤー

ここでは、事業承継に関わる主なプレーヤーについて確認します。

（1）公的機関

２０１１年５月の産業活力の再生及び産業活動の革新に関する特別措置法の改正により全国の商工会議所へ『事業承継・引継ぎ支援センター』が設置されました。事業承継を検討する事業者の情報がデータベースとして登録されており、中小企業の後継者難を解決する公的機関として、近年益々その社会的意義が高まりつつあります。

（2）民間M&A仲介専業会社

１９９０年代に設立された業界老舗である、株式会社日本M&Aセンター、株式会社ストライクの二社が代表的ですが、近年の事業承継ニーズの高まりを受けて、２０２１年、大手リース会社のオリックス株式会社が新規参入するなど、動きが活発になっています。WEB仲介専業の株式会社バトンズといった新業態の会社も登場しています。

M&Aの支援には、一部関連補助金の申請業務を除いて、特に免許や資格も不要のため、成長・活発化する市場に着眼した新規参入者が増えていますが、そのサービスレベルや価格も千差万別であり、まさに玉石混交という状況になっています。

（3）士業専門家

事業承継の実施に際しては、弁護士、税理士、司法書士などの各種分野の専門家の協力が欠かせません。事業承継の前段階に必要となる法務や会計のデューディリジェンス、税金計算、事業承継に伴う商業登記変更手続き等に際して、具体的な業務を依頼することになります。

ただし、事業承継は専門性がかなり高く、資格を保有している士業専門家であれば誰でもよいということにはなりません。知識と経験が豊富で、相談しやすい専門家へ依頼することが、事業承継を成功につなげるポイントとなります。

（4）金融機関

銀行や信用金庫などの金融機関は、本業の資金の貸し出し以外に、近年は事業承継にも力を入れています。

メインバンクであれば、取引先企業の経営状態をよく理解していることからも、対象企業の継続・発展に向けた中長期的な観点から、手厚いサポートを提供しています。

また、各種補助金の申請に必要な国の認定支援機関として登録されているケースが一般的で、事業承継と一体で、包括的なサポートを提供する仕組みが整っています。

ただし、事業が赤字であるなど、事業性が乏しい場合はシビアに評価されがちですので、経営状態に応じて適切な相談先を決めていくことが必要となります。

(5) 事業承継支援コンサルタント　その他

事業承継を巡るプレーヤーとして欠かせないのが、承継支援のコンサルタント(会社/個人)です。

コンサルタントは、個人の形態の他、コンサルタント会社に所属しているケースが一般的です。

先に挙げた仲介専業会社や士業専門家は、ある程度事業承継のスキームが固まった段階で依頼することは可能ですが、そもそも事業承継とは何か、どう進めていけばよいのかという検討段階では、承継支援のコンサルタントへ相談することが現実的です。

承継支援には、専門的な知識や経験が求められるうえ、M&Aを実施するため仲介専業会社へつなぐことや、具体的な実務に関して士業専門家と連携した取り組みが不可欠であり、経営者を伴走支援する〝トータル・コーディネーター〟としての役割が求められます。

この他、反社会的勢力チェックは当然のこととして、特に中小企業の場合は株式公開企業のように経営情報が一般に開示されていないため、信用調査会社による企業情報を取得し、取引の相手方の経営状態について予め確認しておくことで、安心感を持ってその後の検討を進めることにつながります。

こうした取引相手方の信用調査情報の取得を含めて、事業承継のコンサルタントへ相談することが、円滑な事業承継に向けた第一手となるでしょう。

5　事業承継は誰に相談するのがよいの？

(1) 士業専門家だけでは対応困難なケースもありうる

少し前までは、事業承継というと、主に親族である後継者に対して株式を含む資産をどうやって承継するか、税金対策をどうするかという、資産の承継対策を中心とするものとして捉えられがちでした。

確かにこの観点では、税金対策については税理士へ、登記手続については司法書士へ、契約などの法務相談は弁護士へ、といった各分野専門家の活用が有効ですが、それ以前の段階として事業承継そのものをどうするかという検討の段階から、中長期的な観点で事業の磨き上げを行い、事業承継を成功に導いていくためにも、各分野のエキスパートである士業専門家だけでなく、全体をコーディネートする伴走支援者の役割も大いに期待される状況へと、大きく変化してきています。

（2）事業承継センターの実例

全国の商工会議所へ設置されている事業承継の公的機関である『事業承継・引継ぎ支援センター』では、事業承継企業のマッチングを行なっていますが、2021年に実際に同センターを通じて事業承継を検討した某企業の実例［※GSRコンサルティングHP掲載コラム参照］からも、「単に紹介の場」という意味合いが強く、相手方の経営情報取得をはじめ一切の折衝を当事者間に委ねるという基本的スタンスで、高度な専門性を要する事業承継について、とても当事者だけで解決できるものではありませんでした。

承継する側（買い手）の候補にとっては、案件情報が豊富に存在する宝の山として捉えることができると思われますが、事業承継させる側（売り手）の立場にとっては、多くの方にとって、そもそも経験のない初めての取り組みに際し、買い手候補が現れた以降の取り組みをどう進めていけばよいのかという大きな不安を抱くことも自然なことと思われます。

（3）〝トータル・コーディネーター〟としての役割を担う、事業承継支援コンサルタント

事業承継は先に示した【図9】の事業承継ロードマップの通り、その検討段階から、実際の承継計画を策定・実行し、承継後の新体制での経営までを含めると、年単位の実に長期間にわ

【図10】　事業承継支援コンサルタントの位置付け

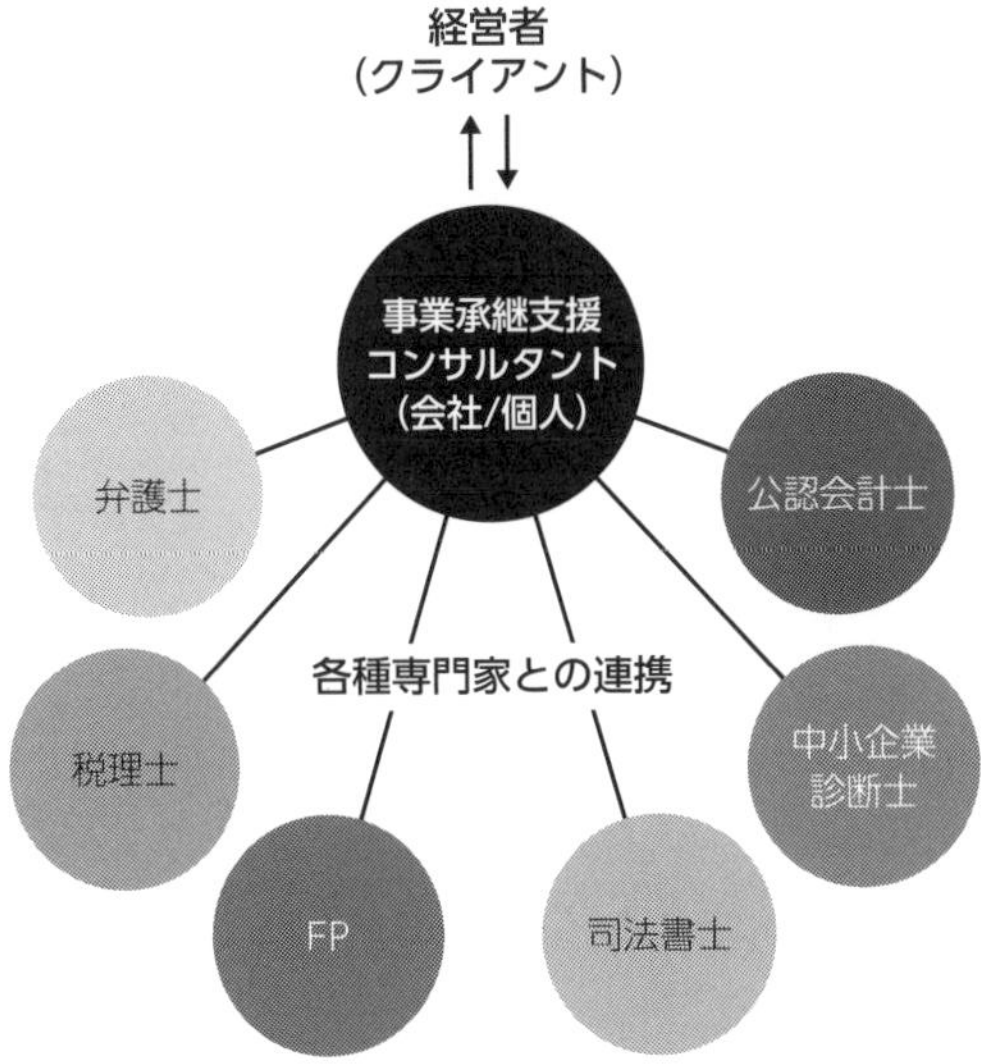

（出典元：TAC株式会社　経営承継アドバイザーパンフレット）

たるものです。

こうした長期的な取り組みに際して、各種専門家との連携を含めてトータルにコーディネートし、クライアントである経営者と一緒に伴走していく役割を担うのが、事業承継支援コンサルタント会社（個人含む）に求められる役割です。

多岐に渡る事業承継の各フェーズにおいて求められる数多くの役割をこなしていくために必要とされるものは、株式等の会社資産の承継といった形のあるもの以外に、目に見えない知的・経営資産や、経営者の想いを含めて一緒に共有し、【図10】で示す各種専門家との連携を通じて、承継に向けた手

【図11】 事業承継　ワンストップサービス（イメージ）

時間軸：➡	▼
1 事業承継	事前検討 ➡ 承継プラン策定 ➡ 事業承継 ➡ 承継後の経営サポート
2 派生サービス	・相続対策 ・不動産対策　・税金納税　・経営コンサルティング

続きを着実にこなしていくという総合力そのものに他なりません。

6 事業承継のワンストップサービスとは？

事業承継に際しては、会社の事業そのものだけでなく、関連して派生する課題への対処が必要となります。具体的には、会社資産の承継に際して、相続そのものをどうするかといった課題や、保有する不動産をどのように扱うか、税金納税をどのように実施するかといったことが挙げられます。

例えば、親族内承継のケースであれば、誰を後継者として事業を引き継ぐということを決めたら済むということではなく、他の相続人に対する財産の分配方法についても異論が生じないよう、予め十分な協議を行っておくことが必要です。

こうした派生的な課題を事業承継と分離して考えることは得策ではなく、事業承継と一体で包括的に検討し、円満で円滑な承継に向けて解決に向けて取組んでいく必要があります。

【資料A】　事業の引継ぎを検討するために必要な支援・解決策

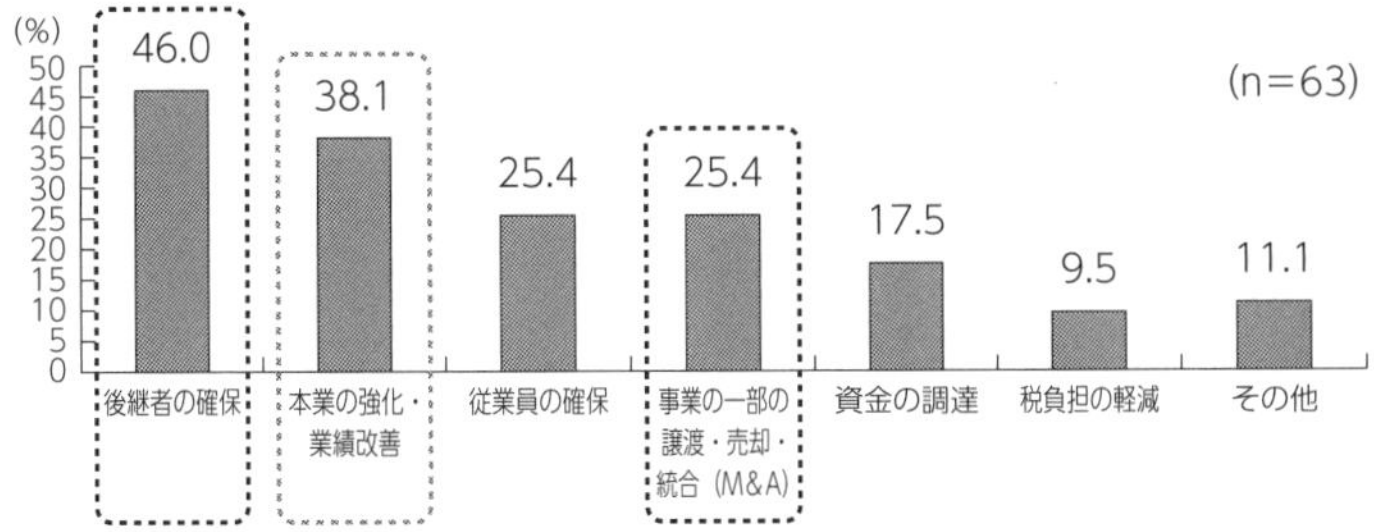

資料：中小企業庁委託「企業経営の継続に関するアンケート調査」（2016年11月、（株）東京商工リサーチ）
（注）1. 複数回答のため、合計は必ずしも100%にはならない。
2. 「誰かに引き継ぐことは考えていない（自分の代で廃業するつもりだ）」と回答した者を集計している。

そして、これらを包括して提供するのが、【図11】『事業承継のワンストップサービス』です。

事業承継の事前検討段階から、事業およびそれに派生する相続や不動産、税金といった課題について全体像を捉え、承継プランの策定および実行においては、事業承継と一緒に関連する各手続きを各種専門家と連携して進め、付帯関連事項を含む完全な形での事業承継を実現するまで手厚いサポートを実施することを、サービスの骨子としています。

また、事業承継実施後においても、新体制における経営サポートを行い、順調に新体制での事業が継続されるよう努めるように取り組むことが、本サービスの特徴です。

こうしたワンストップサービスの重要性を裏付ける資料として、経営者に対して、「事業の引継ぎを検討するために必要な支援・解決策は何か」という調査がなされ、結果が公表されています（【資料A】）。

ここで挙げられた項目を見ると、後継者の確保や事業のM&Aといったことに留まらず、本業の強化といった、本来、経営コンサルティングとして求められるニーズも根強く存在しています。

以上、まさに総合的な観点から、事業承継をきめ細かに支援するスキームが時代に求められていることが分かります。

＊まとめ＊

・中小企業の後継者不在率は6割を超え、黒字でありながらも廃業を余儀なくせざるを得ない会社も多く、培われた技術の途絶や雇用の喪失など、社会へ及ぼす影響は大きい。

・「人（経営）の承継」、「資産の承継」、「知的資産の承継」三つの要素から構成される、「事業そのものを承継する取り組み」という観点で事業承継に取り組むことが重要。

・まずは自社の現状を認識し、承継手法の選択を含めて、ロードマップに則った計画的な事業承継を進めていくことが、承継を成功に導くカギ。

・承継の完了後、新体制下での経営まで視野に入れた、予め十分な検討が必要。
・事業承継には、各分野の専門家との連携を含め、事業承継に派生する相続・不動産等に関する相談や、企業価値向上のための経営コンサルティング等、あらゆる課題に対し包括的に応じられる〝ワンストップサービス〟が求められる。

佐藤良久（さとう　よしひさ）

GSRコンサルティング株式会社　代表取締役
一般社団法人　埼玉県スマート事業承継　代表理事
一般社団法人　さいたま幸せ相続相談センター　代表理事
一般社団法人　ちば幸せ相続相談センター　代表理事
一般社団法人　東京都不動産相続センター　代表理事
一般社団法人　埼玉県スマートまちづくり　理事
一般社団法人　鎌倉生活総合研究所　理事

自己紹介

大学卒業後、東急リバブル株式会社に入社。５年間、横浜の営業所にて不動産売買仲介営業に従事。その後、IDEE R-projectへ転職。都内初の廃校再生プロジェクト（世田谷ものづくり学校）や現在では多くの方に認知されたリノベーションで一世風靡していた会社で、リーシングから賃貸管理、経営管理部門での経験を積む。続く、不動産ファンドでは、約700億円の私募ファンドのアセットマネジメント等に従事し、相続コンサルティング会社では、相続相談に2,000件以上関わらせていただき、取締役として経営にも携わる。現在は複数の会社を経営しながら埼玉県を中心として全国で相続や事業承継、不動産のコンサルティング活動を行っている。共著に、『相続不動産のことがよくわかる本』（幻冬舎2021）『そうだったのか！　相続のトリセツ』（幻冬舎2022）など８冊がある。

資格

事業承継・M&Aエキスパート
経営承継士レガティスタ養成講座修了
公認不動産コンサルティングマスター相続対策専門士
宅地建物取引士
相続診断士

連絡先

TEL 048-782-4399　　Mail sato@gsr-consulting.com

山田隆之（やまだ　たかゆき）

MET Design Home株式会社（不動産売買業）
代表取締役
一般社団法人埼玉県スマート事業承継
代表理事（共同代表）

自己紹介

1991年大学卒業後、安信住宅販売株式会社（現みずほ不動産販売株式会社）に入社、安田信託銀行（現みずほ信託銀行）の子会社として、不動産売買仲介業務を行う。企業間での不動産取引も行い、その中で企業合併等の現場も体験。その後、建築業、土木工事業の現場管理や営業を経て、2007年MET Design Home株式会社を設立。設立時は建築業と不動産業を並行していたが、その後相続に関わる不動産売買の支援を士業や相続コンサルタントとアライアンスを組み行う。主なクライアントは埼玉県内の相続人であり、埼玉県内の不動産案件を多く手掛ける。2021年に一般社団法人埼玉県スマート事業承継を設立、相続に悩むクライアント向けに事業承継のアドバイスも行う目的でサービスを提供する。また同時に一般社団法人埼玉県スマートまちづくりを設立。埼玉県の街の賑わいを創出すべく官民提携での仕事も行っている。

資格

宅地建物取引士　相続コンサルタント

企業ホームページ

https://metdesignhome.com/（MET Design Home）
https://saitama-smartshoukei.jp/（埼玉県スマート事業承継）
https://saitama-town.jp/（埼玉県スマートまちづくり）

連絡先

TEL 048-720-0571　　Mail yamada@metdesignhome.net

渡辺 昇（わたなべ　のぼる）

出身地　三重県
肩書き　企業経営アドバイザー・経営承継アドバイザー
最終学歴　早稲田大学政治経済学部政治学科卒（2002年）

自己紹介

大学卒業後、大手建設・不動産企業グループに約17年間勤務。主に経営企画部門に従事（10年間）。2020年以降、親族が経営する都内の中小企業の経営に携わる。同社の法定相続人でもあったことから、事業承継を間近のことと認識し、経営者の肌感覚を感じつつ、企業経営および事業承継を自身の課題として取り組んできた。（※）

現在は、国内大手電気メーカーの新規事業に携わるほか、主にフリーランスとしてさまざまな活動に鋭意取り組んでいる。

※親族企業の事業承継に関しては、2022年、第三者承継（M＆A成立）が成就、事業承継の成功を実現した。

資格

企業経営アドバイザー・経営承継アドバイザー（一般社団法人日本金融人材育成協会認定）
１級販売士
宅地建物取引士
マンション管理士

連絡先

TEL 042-330-3181　Mail n-watanabe@fuchu-milk.com

【参考・引用元】

・総務省　経済センサス※各年度版
・中小企業庁　中小企業白書※各年度版
https://www.chusho.meti.go.jp/pamflet/hakusyo/2020/chusho/b1_4_1.html
・一般社団法人　日本金融人材育成協会　セミナー『事業の持続性を支援する事業承継2.0とは』
・帝国データバンク「全国社長年齢分析」　２０２１年２月
https://www.tdb.co.jp/report/watching/press/p210202.html
・帝国データバンク「全国企業後継者不在率動向調査」　２０２１年11月
https://www.tdb.co.jp/report/watching/press/p211104.html
・中小企業庁　事業承継ガイドライン（第３版）２０２２年３月
https://www.chusho.meti.go.jp/zaimu/shoukei/download/shoukei_guideline.pdf
・経済産業省「ローカルベンチマーク」
https://www.meti.go.jp/policy/economy/keiei_innovation/sangyokinyu/locaben/
・内閣府　知的財産戦略本部「経営をデザインする」
https://www.kantei.go.jp/jp/singi/titeki2/keiei_design/index.html
・中小企業庁　中小企業の企業数・事業所数
都道府県・大都市別企業数、常用雇用者数、従業者数（平成30年12月14日更新）
https://www.chusho.meti.go.jp/koukai/chousa/chu_kigyocnt/index.htm
・埼玉県　平成28年経済センサス‐活動調査　調査結果
https://www.pref.saitama.lg.jp/a0206/a091/ec28.html
・ＴＡＣ株式会社　経営承継アドバイザー（パンフレット）

執筆協力：成田春奈・藤原香織

第二章

ファミリービジネスと事業承継

林 薫

1 オーナー社長は「事業承継」がお嫌い？

今この本を読んでくださっているあなたにとって「事業承継」とはどのような言葉だろうか？　ほんの数年前まで「事業承継」などという言葉は世の中になかったと思う。

この「事業承継」という言葉を忌み嫌っている人たちがいる。主役とも言うべきオーナー社長たちだ。彼らはこの「事業承継」という言葉が目に、耳に入るなり、心を閉ざす。

「事業承継」とインターネットで検索してみてほしい。「後継者がいない」とか「マッチングサイト」などのサイトがあなたの画面を埋め尽くす。本来「事業承継」という言葉は「事業」を次の世代に「承継」するという意味だ。しかし、現在のわが国で言われている「事業承継問題」とは、「後継者がいないことが原因で黒字であるのに廃業してしまう中小オーナー企業がある」ということだ。そして、「このような廃業は我が国の経済活力を著しく削ぐ恐れがあり、このような後継者難による廃業を防ぐために政策としての支援策が必要である」という考え方が事業承継対策の基本的な考え方になっている。経営承継円滑化法（以下「円滑化法」）という時限立法により、税制、民法の特例、金融支援を3つの大きな柱とした支援策が大々的に打ち出されている。しかもM＆Aによる「外部承継」まで円滑化法の支援対象となったことから、まるで中古不動産と同じような扱いで「あなたの会社を売りませんか」というM&A仲介会社が雨後のタケノコのように現れた。

しかし、実際には過半数の中小企業は赤字であり、事業承継について悩んでいるというより、日々の資金繰りに悩んでいるという方が実態に近いと思う。コスト削減の一環で自らの役員報酬を下げられている社長も多くいらっしゃる。一言で「後継者がいない」と言ってても理由はさまざまである。もしも理由が「事業に将来性を感じない」ということであるなら、それは事業承継の問題というよりも事業そのものの問題である。

そのような現実に直面しているオーナー社長に「事業承継についてお考えですか？」などという言葉をM&A仲介会社の営業マンはいきなりぶつけている。

オーナー社長の心の中では、次のように言われているに等しい。

「どうせ赤字なんでしょ」

「今も経営が苦しいんでしょ」

「もう歳なんだから会社なんて売っちゃいなよ」

「お宅も後継者がいないんでしょ。人望がない社長ですね」

「どうせ今はおカネがないんでしょ。ウチは成功報酬だよ」

「じじいはアクセルとブレーキを踏み間違えるんだよ。運転免許の返納と同じだよ」

もしもこの本を読んでいるあなたがオーナー社長であるならば、一度こう叫んでみてほしい。
「事業承継なんて大嫌いだー！」
「誰がオレの気持ちを分かってくれるんだー！」

私は「サケ・タバコ・シャチョウ」という言葉を考えた。お酒も、たばこも、体に悪いと分かっちゃいるけどやめられない。念のため申し添えると、社長業は体には悪くない。むしろ健康長寿の秘訣であると私は考えている。

サラリーマンなら「当社の定年は○歳とする」と決められている。小学生が6年間で卒業し、中学生が3年間で卒業するのと同じように、例えば65歳になったらやめることができる。「やめることができる」とは変な表現だが。社長はなかなかやめられない。止められないし、辞められない。

お気持ちはよく分かる。怖い。社長をやめた翌日に、部下に裏切られたら。誰からも相手をされなくなったら。妻から離婚届を突き付けられたら。今まで当たり前だったこんな光景が、金輪際なくなってしまう。飲み食いを会社の費用にできる。タクシーに自由に乗ることができる。「社長！」「社長！」と言われる。

ここで少し視野を広げてみたい。「やめる」ということの難しさについて考えてみたい。「ホメオスタシス」という言葉を聞いたことがあるだろうか？　「恒常性維持機能」と翻訳される人間にそなわる機能のことだ。体温を一定に保つというような機能を「身体的ホメオスタシス」と言い、「一度慣れたことをそのまま続けたくなる」ような心の働きを「心理的ホメオスタシス」という。

事業承継から顔をそむけるオーナー社長たちの心の中を、ホメオスタシスというキーワードで覗いてみると、より一層理解が深まらないだろうか？　経営をしていると楽しいことばかりではないだろう。周囲の人はハラハラしている。あんな高齢の社長にあの時の経営危機が再度襲い掛かったらどうなってしまうのか！　けれども、喉元過ぎればなんとやら。当の本人はこれまで何十年も過ごしてきたホメオスタシスの範囲内にいる方が安心であると考えてしまう。

つまり、人間にとって何かを「やめる」ということは、それ自体が困難なことなのである。しかもオーナー社長の場合には、「やめる」と自分で決めないといけない。誰も「やめろ」とは言ってくれない。

感覚のズレについても言及したい。オーナー社長の感覚と一般ピープルとの感覚のズレはたくさんある。ここでは2つ取り上げたい。

（1）一つ目の感覚のズレ：借入金

一般ピープルは借入金は怖いものだと思っている。しかし、オーナー社長はもう慣れっこだ。

一般ピープルは「借金は早く返してしまいたい」と考え、オーナー社長は「貸してくれるならいくらでも借りたい」くらいに思っている。乱暴な意見であることを承知で私見を述べる。オーナー社長ご自身が健在なうちは「貸してくれるならいくらでも借りたい」で大いに結構である。金融機関が「貸す」といったのは彼らの金貸しのロジックに貴社があてはまっていたということである。急場をしのぐ時に一番役に立つのは現金である。借りられるときに借りておくという考えは正しい。しかし、事業承継のことまで考えると話が逆回転を始める。この点は後述する。

（2）二つ目の感覚のズレ：雇用

一般ピープル、つまりはサラリーマンまたは雇用契約者は「自分は雇用されている」と考えている。このこと自体は全く正しい。確かに入社する時に「雇用契約書」を交わし、雇用条件を確認していると思う。いわゆる「正社員」であるならば「期限の定めなし」が世間相場なのかもしれない。しかし、ほとんどのオーナー社長の感覚は「雇用」というよりは「自分の仕事が忙しくなってきたから手伝ってもらっている」くらいの感覚であると私は思う。もちろんのこと、オーナー社長にも「一度雇った社員を勝手にやめさせることはできない」くらいの知識はある。しかし、あくまでもオーナー社長の出発点は「元々自分がやってきた仕事を社員にやらせている」くらいの感覚である。事業承継について新聞などで論じられる際には「後継者不足により企業が廃業するとその会社で働いている従業員の雇用が失われる」などと記載されている。全くその通りで、まさに憂慮するべき問題である。しかし、当のオーナー社長はずっと仕事が中心、自分の会社が世界の中心の日々を送ってきた。そのため彼らは自分が仕事をやめる時のことを考えることができない。社長！「期限の定めなくあなたを雇用します」といつの間にか誓ってしまいましたよ。さてどうしましょうか？

なぜオーナー社長は「ウチには後継者がいない」と言いたがるのか？

今から私が言うことは暴論、または極論かもしれないが、私はオーナー社長が言う「ウチには後継者がいない」とは99％ウソであると思う。

理由は単純。まだ仕事を続けたいから。仕事が大好きだから。ただ、それだけだ。

しかし、こうしてずるずるとシャチョウのままで居続けたら、将来どんな「怖いこと」が待っているのだろうか？

2　事業承継対策をしないで困るのは誰か？

それではここで、「事業承継対策をしないで困るのは誰なのだろうか？」ということについて考えたい。

まずはっきりと申し述べたい。当の現社長本人は事業承継対策をしなくても困ることはない。なぜなら彼らは「オーナー」であり、「社長」であるのだから、どこのどいつからも文句を言われる筋合いなどない。会社は自分の所有物であり、社長には上司はいない。また、以下は直接的な表現となり恐縮だが、人はいつかこの世を離れなければならない。つまり、オーナー社長が死んでしまった後に自らの会社の事業承継について「困る」ことはできない。つまり、オーナー社長は自らが決して困ることのない問題に取り組みなさい、と命じられているに等しい。

前章で述べたように後継者難による廃業は我が国の経済活力を削ぐ。雇用も失われてしまう。しかし、この点を今一度掘り下げて考えてみてほしい。このような外野から見たような物言いをしているのはどこのどいつなのだろうか？　誤解しないでいただきたいのは、円滑化法をはじめとした事業承継支援策自体に異を唱えるようなつもりは毛頭ない。私自身素晴らしい支援策であると思う。

私がここで申し述べたいのは、もっと事業承継の主役であるオーナー社長の立場や気持ちによりそったものの言い方はできないのだろうか？　ということだ。

私自身は空気の読めないダメダメサラリーマンだった。けれど仕事をすることは死ぬほど好きだった。起業といえば格好いいかもしれないが、私にとってはサラリーマンをやめて自ら会社を作り社長になること以外、生きる道がなかった。世の中の社長連中も私のような輩と同じだろうと決めつけるのは大変失礼で、それこそ不適当なことであろう。しかし私はあえて言いたい。世の中のほとんどのオーナー社長は自分の仕事が大好きで、願いが叶うならいつまでも働いていたいと思っているのではないか。私がダメダメサラリーマンであったころのある時、何かの記事が私の目に留まった。「起業してよかったこと」の一つとして「労働基準法に縛られずに仕事をすることができる」とあった。私は時間を忘れて夢中で仕事がしたかった。ただそれだけだった。

そのような人種の人たちにむかって、「70歳を過ぎたら判断力が落ちるので経営の一線から退くのが相当である」と言っても、「お前ら役人には何も分からない」と一蹴されるのがオチであろう。もっと言えば、「最近の役人たちは〝事業承継〟なるものを飯のタネにしようとしているのか」くらいに内心で考えているだろう。

一つ目の結論。オーナー社長本人は困っていない。

もう一つ私の話につきあってほしい。私が感じるもう一つの違和感についてだ。「後継者難による廃業で雇用が失われる」。その通りだと思う。ただ、当の「雇用されている人」は自分が職を失うかもしれないという時に何を考えているのだろうか？　全く危機感を感じていないように見える。これが私の違和感である。

誰もが等しく歳をとる。ご自身が勤めている会社の社長が何歳くらいであるのか、知らない従業員はいないのではないか？　事業承継という言葉がこれだけ世の中に浸透した今、「自分が勤めている会社の社長がいなくなったら、自分はどうなるのだろうか？」と考えることもあって当然ではないか？

しかしサラリーマンである彼らの頭の中にはどうやってセキニンから逃れるのか？　という一点しかない。そのように「教育」されてきた。嫌いな仕事を我慢してやるのも、給料をもらえるからということもあるが、「上から言われたことだけをやっていれば自分はセキニンを問われない」と彼らサラリーマンは堅く信じている。そのため、自分が社長になる、または経営陣に加わるというような考えは1ミリもない。だから「雇用が失われる恐れがある」と外野が騒いでいるのに、当の雇用されている人たちは馬耳東風だ。もしくは見て見ぬふりをしているだけなのかもしれない。しかし、どちらであっても何も行動を起こしていないという点では全く一緒である。事業承継対策として円滑化法のことをすでに述べた。このような政策も元をただせば公金である税金を原資にしている。自分たちの雇用を守ってもらえるはずの事業承継対策を公金を使ってやろうとしているのに、当の本人たちは遠い星の話のように聞いている。こんな提案について考えてみてほしい。「後継者がいない会社ではくじ引きを実施して社長のくじをひいた社員は強制的に社長となる。この社長の報酬は外れくじの全員の給料から天引きをすることで財源を確保する」。聞いた瞬間に耳たぶを真っ赤にして怒りだしそうな提案である。

私にとっての違和感は、オーナー企業に勤めるサラリーマンたちにとっては当然の行動原理なのだろうか？

二つ目の結論。従業員も困っていない。

続いて金融機関についても考えてみたい。多くの会社が銀行や信用金庫や信用組合などから融資を受けていると思う。このような金融機関も事業承継の推進役として大いに期待されているし、金融機関も新たな収益の機会になると考えている。

しかし、彼らがオーナー企業の事業承継の支援を先頭に立って行うことはない。なぜそこまで私が言い切るのかというと、金融業の本分は融資であり、彼らの資産である融資を保全するために個人保証や個人資産を担保として供託させることが彼らの第一の関心であるからだ。もしも十分な保証や担保を確保している融資先であるならば、彼らからみたら「事業承継？　勝手にやってください」くらいの関心しかない。なぜなら、仮にその融資先が廃業になったとしても、彼らはすでに確保した担保権を実行すればいいだけであるからだ。もちろんのこと、もっと長期的な視点で考えたら、優良な融資先が廃業となってしまったら金融機関として将来の収益の源泉を失ってしまうこととなる。そのため、あの手この手で提案をしてくるかもしれない。しかしそれらの提案は自分たちが売りたい商品の提案だ。

また、後継社長が決まったら、ライバル金融機関に対して、少しでも有利な立場に立とうとすっ飛んで来るかもしれない。しかし、その時にはもう、先代の社長であるあなたには金融機関の営業マンは見向きもしなくなっている。

借金を返さずに死ぬということ。このことについてオーナー社長はもう一度真剣に考えていただきたい。

三つ目の結論。金融機関も困っていない。

3 それでも事業承継対策をしなければならない訳

ここまでお読みくださった読者の方におことわりしておかなければならないことがある。私は「それでも事業承継対策は必要ですよ」ということをこの本を通じてお伝えしたい、ということである。「大好きな仕事をやめたくないという気持ちはよく分かります」と私は言った。しかし、それでも事業承継対策から逃げてはいけない。

私はこの本をお読みのオーナー社長に対して、「借金を返さずに死ぬことについて考えてもらいたい」と述べた。借金とは約束である。生前に果たせない約束は、後進にしっかりと託さなければならない。「先生。事業承継というより、まるで負債承継ですね」。ご支援先のオーナー社長から言われたことがある。その場では私は何とも答えることができなかった。けれど、その後私は考えを進めて、事業承継とは「約束承継」であると考えている。事業を営むことは、今後も継続していくという社会との約束。雇用契約もしかり。事業を通じて従業員とこれからも雇用契約を続けていくという約束。資産すらも私に言わせれば約束である。「自社で所有しているもの（資産）に対して、何の約束があるのか？」と問われるかもしれない。私の回答はこうだ。縁あって所有することとなった資産を事業に有効活用することは、所有者に課された社会的な約束だ。この約束を果たせない企業は、遅かれ早かれ資産を持つ資格のない会社であるとみなされ、富が集まってくることは決してないだろう。

ここまで事業承継などしなくても「○○さんは困らない」という話を進めてきた。本当に誰も困らないのだろうか？　そんなことはない。確かに困る人がいる。

しかし、その話は私のパートの最後にしたいと思う。

4　「ファミリービジネス」の視点で事業承継をとらえなおす

「ファミリービジネス」という言葉がある。日本で言う「オーナー経営企業」のことを指す言葉であり、欧米では一般的な言葉であると学んだ。「同族会社」または「同族経営」という日本語もある。しかし、「同族」という言葉と「ファミリー」という言葉の間には大きな隔たりを感じる。

私は全てのオーナー経営企業はファミリービジネスであると考えている。「ウチは家族には仕事を手伝わせていないよ」という声が聞こえてきそうだ。しかし、逆に考えてみていただきたい。全く家族と無関係にできる事業などあるのだろうか？

ファミリービジネスが非ファミリービジネスに対して有利であるのは、以下の3点であるといわれている。

（1）長期的視野に立った経営ができる

これは言い換えると、近視眼的に目先の利益ばかりを追う必要性が少ないということである。例えば上場企業であれば、あらかじめ公表した計画通りの利益を確保することを株主から求められる。ファミリービジネスでは所有と経営が一体であるため、目先の利益にとらわれず、長期的なビジョンを持った経営がしやすい。

（2）意思決定が速い

ファミリービジネスでは所有と経営が一体であるため、迅速な意思決定を下すことができる。非ファミリービジネスではそうはいかない。あらゆる意思決定に際して複雑で時に冗長なプロセスを踏まなければならず、意思決定のスピードという点でファミリービジネスは大きな優位性がある。

(3) 創業精神や経営理念を伝承しやすい

企業とは極論すれば人の集まりである。人と人とを結びつけ、集団が作られる吸引力となるのは共感力である。創業精神や経営理念はもちろん言語化されて共有されているが、共感は単なる言語化された言葉だけではなく、「○○精神／○○スピリッツ」というような言語化されづらい分野も含むものであると私は思う。「○○精神／○○スピリッツ」は、日々の日常生活や生活習慣によって陶冶《とうや》されるものであり、家族（ファミリー）という場で自然と、目には見えないが確実に、伝承されていくものであると私は考えている。

以下はお子さんがいらっしゃる場合に限られてしまうし、暴論かもしれないが私は以下のように考えている。

「息子／娘に社長をやらせなさい」

私がそう断言する理由はいくつかある。

理由①：結局だれが社長に就任しても同じであるから

のっけから根も葉もないことを申し上げてしまい恐縮だ。また読者からお叱りの言葉をいただいてしまいそうだ。「オレがこの会社をここまでに成長させたのは、オレの実力だ！」。しかし、さらなるお叱りを覚悟で申し上げる。そんなことを言っているうちは事業承継など10年早い。まだまだ子どもだ。ひよっこだ。

私は「売る」などという行為はこの世の中に存在しないとすら考えている。あるのはお客様が「買う」だけだ。つまり、お客様が「買いたい」と思っていたものを、「買いたい」と思っていた場所に、「買いたい」と思っていた時に提供できたので、あなたの会社は商品やサービスを売ることができた。それだけのことである。つまり「運」なのだ。

もちろん、ここで私が述べていることを「仕掛ける」こともできるだろう。しかし、それこそ運である。「仕掛け」自体は100％理論的であったとしても、その仕掛けにお客様があなたの期待通りの反応を示すのかどうかはやってみないと分からない。たまたま結果がうまくいったら、まるでお客様のことをコントロールできたかのように感じるかもしれない。しかしそれこそ運である。たまたま運がよかっただけだ。なぜならどんなに精巧で理論的な仕掛けであっても、鳴かず飛ばずという商品がいくらでもある。つまり運なのである。このような話を私がすると憤慨される方もいらっしゃる。ただ、もっと多面的に考えてほしい。だからこそ人生は面白いのではないだろうか？　頭のよい奴がいつも勝つなんて、なんとつまらない世の中ではないだろうか？

ここでもう一度話の出発点に戻りたい。A君を次期社長に据えたら業績が伸びるか。B君を次期社長に据えたらどうか？　などの問いはほとんど意味をなさない。「やってみないと分からない」としか言いようがない。決められないのなら、次期社長は息子さん・娘さんで決まりだ。考えるだけ無駄である。決まり！　だ。

理由②：社長業は誰でもできるから

またまた叱られてしまいそうだ。また、現に私はこのことを語る度に何度も社長連中に叱られてきた。しかし、私自身は全くめげていない。ほくそえんでさえいる。なぜなら私が叱られた理由は、真実を語ったからだ。だからこそ彼らは私のことを叱ったのだ。

組織のトップに立つということは、地球儀に例えると北極または南極に位置することだ。私たちは北半球に住んでいるのでここでは北極としよう。北極点に立つと全ての方角は南となる。東も西もない。もちろん北極点より北の方角もない。

北極点以外に位置している人は東西南北がある。この地球儀の例えを会社組織に当てはめれば、北の方角に上司がいて、南の方角に部下がいて、東西に他部署や同僚がいる。私自身はもう組織人としてのサラリーマンをやめてしまい、社長業をやっている。昔のことを思い出すと「ずいぶんと器用なことをやっていたものだ」と感じる。つまり東西南北、またはそれ以上の多方面の関係性に配慮しなければならなかったことが懐かしい。もっと言えばそのころに毎日使っていた（消耗していた？）能力を、私はとうの昔に喪失してしまったように感じる。この本を読んでいる方の多くは現在社長業をされている方が多数であると思う。ここまで読まれたら私の意図していることはもうお分かりいただけたと思う。

社長業が最も単純だ。もっと言ってしまえば、最も簡単だ。「自分はトップに立っているのだ」。この厳然とした事実を粛々と受け入れられるのならば。私はもう一度冒頭の言葉を言おうと思う。

大丈夫。社長業は誰でもできる。

私がこの仕事（事業承継支援）をしていて、よく受ける質問がある。「林さんはお父さんの仕事を継がれたのですか？」という質問だ。

お答えします。いいえ。継いでおりません。

お叱りの声が聞こえてきそうだ。人には「息子・娘が家業を継げ」と言っておきながら、自分は家業を継いでいないのか！

以下はわたくしごとになってしまうが、少しだけお付き合いいただきたい。私の父は鍵屋さんを営んでいた。個人事業主だった。私たち家族が住む家は自宅兼店舗であった。私が小学生のころから、母親が買い物に出かける時間帯は妹と一緒に店番をしていた。店舗にはあい鍵を作成する機械があり、母の担当だった。父は車でお客様のお宅に出向いて行って錠前の交換などをしていた。解錠の仕事もあった。父は手先が器用で解錠の腕がよかったようだ。家賃や住宅ローンを滞納してしまっているお宅に執行官と呼ばれる役人と出向き、父が解錠をすると執行官は差し押えなどの手続きをする。当然に執行官としては解錠がすみやかにできる鍵屋さんがいると仕事がスムーズに進むため、父は重宝がられていたようだ。父はそのことを理解していたのか、仕事がない時にはいつも解錠の練習をしていた。いわゆる鍵穴の部分をシリンダーというのだが、いつも同じシリンダーで解錠の練習をしていても意味がないので、子どもである私が父の見ていないところでシリンダーを交換するように命じられた。自分で交換してはどのシリンダーの解錠をするのかがあらかじめ分かってしまうためだ。そうして父はまた解錠の練習に励んでいた。また、父はアメリカからアメリカの鍵屋さんが読むという雑誌を取り寄せて購読していた。しかし、定時制高校しか卒業していない父にそこまでの英語力はなく、私が高校生になると雑誌の英語の翻訳を頼まれた。また、それだけにとどまらず、父は雑誌編集部に質問の手紙を書いていた。その翻訳も私が担当した。学校で習っただけの英語で書いた手紙の意図が正しく先方に伝わるのかが心配だったが、きちんと返信がエアメールで自宅に届いた時には父と私は狂喜乱舞と言わんばかりに喜んだ。

私は子どもながらに我が父親を見ていて、「自分の父親は仕事が好きなのだな」と感じていた。しかし事実はそうではなかったようだ。私は先述したようにサラリーマンには向かない変人体質であったため、大学4年生の時になかなか就職が決まらなかった。秋になってもどの会社からも内定がもらえず、家業を継ぐことも考えた。父親に相談した。そうしたら意外な答えが返ってきた。

「自分の好きではない仕事を子どもに継がせるわけにはいかない」

私は強く衝撃を受けた。私が家業を継ごうかと考えたことは苦肉の策であったのかもしれないが、最後の望みも絶たれたような絶望を味わった。

今になってみると、父が言ったことは正しかったと思う。私は自分が好きな仕事はどんな仕事なのだろうかと必死で考えた。

また、別の角度から考えると私は父親から事業を引き継ぐことはしなかったが、多くのことを確かに引き継いだ。熱心に働くこと。日ごろから自己の鍛錬を怠らないこと。自らの仕事に関連するあらゆる分野に関心をもち、好奇心を持って探求していくこと。

このくらいで私の身の上話を終えてよろしいだろうか。

5　奥様といっしょに事業承継対策を進めることを勧める訳

ここではオーナー社長が男性であるという前提で、「奥様といっしょに」と表現している。

その理由はこの本を手に取り、事業承継を考え始めているオーナー社長の男女比は圧倒的に男性が多いことと、書いている私自身が男であるからだ。女性経営者が読まれる場合には適宜読み替えてくださるようにお願いしたい。

カレーのフランチャイズチェーン店舗を展開する株式会社壱番屋（ココイチ）をご存知かと思う。独立して店舗オーナーとなる希望者があった場合、ご夫婦が一緒に面談を受けることとなっているそうだ。理由はご拝察の通り、カレーハウスの店舗運営事業はご夫婦間での理解と支えあいが必須であるとフランチャイザーが考えているからである。

私はこの考えにとても共感している。事業承継とは、引退する現社長から見ると事業をやめることである。事業を始める時も、やめる時も、ご家族の理解と協力が必須だ。

そのようなファミリービジネス＝家業をご夫婦の二人三脚で乗り越えられてきた社長と奥様のためのご相談のプラットフォームとして、私は「事業承継　母の会」という一般社団法人を立ち上げた。この「事業承継　母の会」ではご夫婦が揃ってご相談に来られることを原則としている。

私はここまでの文章で「社長業なんて誰でもできるよ」と言い放ってしまった。この言葉を撤回することはないのだが、同時に組織のトップに立ち続けることの大変さも十分に理解しているつもりである。そんな大変な思いをしてきた何十年をいつも変わらずに一番そばで見ていてくれたのはあなたの奥様ではないですか？

「事業承継対策をしなくて困るのは誰か？」この問いに答える時が来た。それは社長の家族だ。特に奥様だ。次の社長を指名する前に、最愛のご主人が旅立ってしまった。そんな場面を想像してほしい。あなたの会社には金融機関からの借入金はないのだろうか？　コロナの時にさらに借り増しをしていないだろうか？　さらにその借入金の連帯保証を社長個人が引き受けていなかっただろうか？　また今お住まいの家族の思い出がいっぱいの自宅が、借入金の担保として設定されていないだろうか？

私はこれ以上危機感をあおる言葉をつづることを控えることとする。

今この本を読まれているあなたが男性でオーナー社長である場合には、この章だけでも奥様に読ませることを強くお勧めしたい。きっと強く納得してくださると思う。そして翌日、仕事に出かけるあなたをいつもより少し優しいまなざしで送り出してくれると思う。

この章で私が伝えたいことはお伝えできたと思う。ここから先は「事業承継」と言ってもM&Aの話が中心になる。ぜひ読み進めていっていただきたい。

そして、もしもM&Aに対して違和感を持った時には。この章に戻ってきてほしい。そしてあなたの心の奥底にあるずっと大切にしまっていた思いに気が付いてほしい。

「次の社長はアイツだ！　オレはアイツの社長姿が見たいんだ！」

そして、そんなあなたの想いを、きっと奥様は全てお見通しのはずですよ。

林 薫（はやし　かおる）

出身地　生まれも育ちも現住所も埼玉県
肩書き　事業承継士・中小企業診断士
最終学歴　埼玉県立浦和高校卒業　早稲田大学第一文学部哲学科卒業

株式会社コンパス・アンド・マップ　代表取締役
一般社団法人　事業承継 母の会　代表理事

自己紹介

一般企業でM＆A案件に従事する機会があり貴重な経験を積む。M＆Aも事業承継の有力な一つの選択肢であるが、M＆A以外の内部承継なども選択肢に含めて複数の提案を申し上げるなど、真の意味で目の前のお客様によりそった支援をするためには独立するしかないと考え、平成30年11月に株式会社コンパス・アンド・マップを設立して独立起業。自分自身もオーナー社長として企業を経営していることは同じくオーナー社長の相談に乗る際に大きな強みになっていると感じている。

続いて令和2年11月にオーナー社長と奥様とが一緒に事業承継についてご相談にいらしていただける場を設けたいと考え、「一般社団法人　事業承継　母の会」を設立、代表理事に就任。男性社長が一人で悶々と会社の将来について悩んでいるだけで事業承継が遅々として進まなかったが、相談の場に奥様（母）が加わることで急に事態が好転した！事業承継ができた！と評判になっている。女性の持つ力の偉大さを知る男。

資格

事業承継士
中小企業診断士

連絡先

事務所TEL 03-6823-1456　Mail hayashi@compassandmap.co.jp

第二章

M&Aの進め方

笹山宏

1　本章の内容

「M＆A＝買い手探し」のようなイメージを持っている方も多いのではないでしょうか。買い手との出会いはM＆Aの重要な要素ですが、会社を十分に理解してもらい、円滑にM＆Aを完了させることも同じように重要です。

会社はヒト・モノ・カネが結びついた生き物のような側面を持っています。買い手次第で会社がさらに光り輝くこともあれば、その逆も起こります。その点でM＆Aは通常の資産売却とは異なります。買い手によい買い手となってもらうためには、まずは会社を十分に理解してもらう必要があります。

また、M＆Aは長丁場で作業負担も多くなりがちです。オーナー社長がM＆Aの全てを取り仕切ることは肉体的にも精神的にも大変です。そこで本章ではオーナー社長がM＆A会社や専門家にある程度任せる前提に立っています。重要度が限られる部分や専門的な部分に深く踏み入ることを避けています。

【図1】

イメージしやすいように事例も織り交ぜました。いずれも実際の事例を参考にしていますが、フィクションである点はご了承ください。

2　M&Aの全体像

(1)　M&A全体の大枠の流れ

M&A全体の大枠の流れは、①売却準備、②打診・マッチング、③基本合意、④DD（デュー・ディリジェンス）、⑤最終合意・クロージングの5段階のプロセスで進みます。そしてクロージングが終わった後に、⑥買い手の経営開始(Day1)がやってきます。経営開始の初日はDay1と呼ばれます。

M&A準備開始からM&A完了までには半年~1年程度要することが一般的です。

①売却準備

第三者への売却を真剣に考える場合、まずは身近な専門家やM&A会社に相談してみることをお勧めします(以下では専門家も含めてM&A会社と呼びます)。初期相談が無料のM&A会社も多く存在します。

M&A会社に相談の上、進めてみようと決断する場合はM&A会社を選定・登用した上で進めることになります。M&A会社にはさまざまな種類があるため、専門性・担当者との相性・費用体系・実績などを確認の上、信頼できる会社にお願いするといいでしょう。

M&A会社は依頼を受けると、まずは会社の簡易調査を実施します。調査の大きな目的は、①オーナー社長の分身となるために会社を理解すること、②M&Aを進める上での重大な障害の有無を先に把握し、対策を練ること、③M&A推進に必要な事務資料を整えることです。

オーナー社長にとっては早く買い手を紹介してほしいという気持ちになると思いますが、準備のなされていない状態では買い手の不安を招きます。

なお、M&A会社では一般に次のような事務資料を準備します。M&A会社はオーナー社長に確認をした上で資料を完成させます。

・ティーザー（ノンネームシート、案件概要書）……社名が特定されないように配慮された、業種や地域、会社規模などのみ記載された資料です。買い手の初期的な関心の有無を確認するために使用されます。

・守秘義務契約書……買い手候補による守秘に関する誓約です。Non-Disclosure Agreementの略でNDA（エヌディエー）と呼ばれます。いつでも買い手候補にひな形を提示できるよう事前準備を行います。

・インフォメーション・メモランダム……守秘義務契約書を締結した買い手に開示する社名付きの詳細資料です。一般に、社名、事業の概要、財務及び将来見通しなどの情報が記載されます。IM（アイエム）と呼ばれます。中小M&Aの場合は10~30ページくらいのボリュームが一般的です。IMは会社のアピールができる限られた機会ですので、M&A会社は買い手に訴求できるIMを作成すべく知恵を絞ります。オーナー社長も可能な範囲で協力するとよい結果につながりやすいでしょう。

・インフォメーション・パッケージ……ＩＭの代わりに、会社が保有する決算資料などの各種資料をそのまま開示することがあります。各種資料を総称してインフォメーション・パッケージと呼びます。

準備段階では買い手候補の検討も行います。Ｍ＆Ａ会社は社内外の情報をもとに、次のようなリストを作成しながら買い手候補をある程度絞り込みます。

・ロングリスト……買い手候補となり得る会社を幅広に記載したリスト。オーナー社長との協議目的で使用します。

・ショートリスト……実際に打診する先が記載されたリスト。Ｍ＆Ａ会社がロングリストを絞り込んだ結果として作成されます。オーナー社長が譲渡したくない先やＭ＆Ａ情報を知られたくない先はショートリストから除外します。

②打診・マッチング

打診やマッチングは主にM＆A会社に任せる部分となります。

M＆A会社は社名非開示の案件概要書を用いて買い手探しを行います。関心を示す買い手候補が現れたら、買い手候補とNDAを締結した後に会社情報を開示します。

会社情報開示後すぐに面談を行うケースもあります。会うことで互いに安心して話を進められますが、関心度の低い買い手にオーナー社長が振り回されることもあります。どのタイミングで面談をするかはケース・バイ・ケースなのでM＆A会社の意見を聞きながら進めるといいでしょう。

③基本合意

買い手の希望するM＆A条件とマッチングや擦り合わせができた場合には、その内容を基本合意書の形で書面化します。内容の多い基本合意書とするか、内容の絞られた基本合意書とするかは買い手の希望も踏まえながら決めることになります。一般的に中小M＆Aでは分かりやすさと弁護士費用軽減の観点から、内容の絞られた基本合意書が好まれます。

基本合意書は一種の紳士協定です。基本合意書に記載される事項の多くには法的な縛りが及びません。それでも、当事者間の共通認識を書面で明確にする点で実務上は有用です。

また、基本合意書には買い手との独占交渉期間が明記されます。独占交渉期間を設けるとその期間、オーナー社長は他の買い手への打診や協議は禁じられますが、独占交渉の関係を確保することで互いに真剣に向き合ってM&Aを進められる点でメリットがあります。

④デュー・ディリジェンス（DD）

基本合意の後、買い手は会社の事業・財務・法務などに関する詳細調査を行います。この詳細調査はデュー・ディリジェンス（DD）と呼ばれます。買い手側では費用をかけて会計士や弁護士などの専門家を登用して調査を行います。

DDは主に次の調査から構成されます。DDは買い手主導でなされるため、買い手が十分に調査できるようオーナー社長側はできる限りの協力をする必要があります。

・資料開示……買い手作成の資料依頼リストに基づいて資料開示を行います。近年では紙の現物資料の開示ではなく、データでの開示が主流になりつつあります。データ収集や電子ファイル化されていない資料の電子ファイル化など、事務的な手間が発生する部分なので、顧問税理士や社内担当者の活用がポイントとなります。

・書面によるQ＆A対応……資料開示後、買い手側の士業専門家からの書面（エクセルデータなど）での質問に書面で回答することになります。質問量はどの程度深くDDを行うかに応じてケース・バイ・ケースです。買い手側が何を聞きたいのか分からないこともあります。そのような場合には買い手側の考えを理解しているM＆A会社に聞いてみるといいでしょう。

・インタビュー……買い手または買い手側の士業専門家がオーナー社長に対して口頭インタビューを行います。オーナー社長しか知り得ない事項の口頭確認や書面Q＆Aでは確認できない詳細な部分が中心となります。

・現地視察……買い手が会社や工場・倉庫を訪問し、業務や主要設備の状況を確認します。現地視察の内容や時間割は自社に詳しいオーナー社長が見ておくべきと考える内容を軸に、買い手が見ておきたいと考える内容を踏まえて調整されます。

現地視察の日程調整はM＆A会社に任せることで足りますが、現地視察時の現場案内やM＆

Aの存在を知らない社員にどのように説明しておくかなどはM&A会社に任せきりにはできず、オーナー社長自身が考えておく必要があります。

一般にきちんとした買い手であるほどしっかりとDDを行います。不十分なDDの後に問題が発生するよりは、きちんとDDをしてもらった方がトータルで見ると安心です。

DD対応には手間を要し、オーナー社長だけでは対応できないのが通常です。顧問税理士や社内担当者、M&A会社の力を借りながらDD対応することになります。

DDに時間をかけると関係者全員が疲弊します。買い手にはDD期間を明確にしてもらい、期間限定の短期集中でDD対応することが一般的です。

⑤最終合意・クロージング

DDの結果を踏まえて、基本合意内容の変更の要否を当事者間で協議します。問題がなければ基本合意に沿ってM&A契約書を作成し、互いに調印します。

M&A契約書はオーナー社長のM&A後の責任関係をも含む重要な契約ですから、弁護士から十分な内容説明を受けた上で調印することがとても重要です。M＆Aに慣れた買い手ほどM＆A契約書にさらりと重要な文言を入れることがあります。そのような場合には、弁護士やM＆A専門家の気付きを活用し、バランスの取れたM＆A契約書に修正する必要があります。

M＆A契約後に決済（クロージング）を行います。多額の資金が動くことなどから、最終合意からクロージングまでの間が1カ月程度空くことは珍しくありません。クロージングでは通常売り手と買い手が一堂に会し、その場で資金決済と証券決済（株式譲渡の場合）を同時に行います。法務関連資料が多くなるため、弁護士のサポートを受けながら進めることになります。

⑥買い手の経営開始（Day1）

クロージングによって経営権は移転し、M＆Aは完了です。オーナー社長にとってはクロージングがゴールとなりますが、買い手にとってはDay1からがM＆Aのスタートです。

Day1当日は対外的な開示、取引先への挨拶、従業員への挨拶など、買い手側は新経営者としてのさまざまなイベントが目白押しとなります。オーナー社長は買い手がスムーズにDay1を迎えられるよう、買い手と協力しながらクロージングまでの期間を利用して事前準備を行うことになります。

【表1】　簡易調査に必要となる資料（例）

	必要な資料または情報
事業関連	登記簿 定款 会社パンフレット 株主名簿 子会社などの位置づけ、概要、株式保有割合（コーポレートストラクチャー） 役員名簿 組織図及び従業員の推移 主要な得意先、仕入先、外注先 経営戦略・経営方針・将来事業計画 店舗、工場、重要施設などのリスト（建設日・所在地・規模） 重要な許認可やライセンスの概要 事業運営に重大な影響のある契約とその内容 訴訟や訴訟に発展する可能性のある事項の有無（労使問題含む） など
財務関連	税務申告書（決算書及び勘定科目明細含む） 今期予算、将来事業計画（将来の売上利益計画） 月次損益計算書 固定資産台帳 関係会社間取引（オーナー社長や親族との取引）など

（2）M&Aの重要ポイント

①M&A会社による簡易調査

M&A＝買い手探し、と考えると素早く買い手探しに動いた方がいいようにも思えますが、家を出る前に鏡を見ることがエチケットであるように、売却を進める前にM&A会社の目を通して自社の客観的な姿を確認しておくことは不可欠です。

簡易調査に際しては上記のような資料が必要となります。

将来事業計画（将来の売上利益計画）はあると望ましいですが、中小M&Aの場合は将来事業計画がない場合

作成すべきか否かはM＆A会社の意見も聞きながら判断することになります。

がありません。M＆Aの規模や想定される買い手候補層にもよるため、M＆A用に事業計画を

がほとんどです。M＆A用に無理に事業計画を作成しても、買い手の参考にならなければ意味

②買い手探しの方法

買い手探しは基本的にはM＆A会社に任せる部分になります。M＆Aの買い手探しには①戦略的アプローチ（ストラテジック）と②無原則アプローチ（オポチューニスティック）が存在します。

手軽に買い手を見つけたい場合は無原則アプローチがフィットします。具体的にはM＆A会社やM＆Aマッチングサイトを通したマッチングです。他方で一定規模（例えば売上高10億円以上、当期利益数千万円以上）を超えてくるような規模感であれば戦略的アプローチも視野に入ってきます。

どのように買い手を探すかはM＆A会社ごとに異なるので、事前にM＆A会社の方針を確認しておくといいでしょう。

【表2】

	戦略的アプローチ（ストラテジック）	無原則アプローチ（オポチューニスティック）
主な手法	リスト上の買い手候補へのＭ＆Ａ提案	マッチング
メリット	有力買い手候補がいるか否か、一定の期間で判断可能 複数の買い手候補が現れた場合は比較することで相場観を理解できる 情報管理がしやすい	買い手の母集団を広げることが可能 比較的気軽に実行可能 思いもよらぬ買い手が現れることもある
デメリット	M&A提案可能な先数に物理的な限界あり 打診先の管理が必要 複数のM&A会社に相談すると管理しきれなくなる	買い手が現れずに時間だけが経過する可能性あり 現れた買い手がよい買い手か否か判断がしにくい 情報管理に留意が必要
買い手探しの方法	買い手に直接打診できるM&A会社	ネットワークを持つM&A会社 M&Aマッチングサイト

戦略的アプローチ：会社の特徴を理解の上、事業内容や地域、財務基盤などを総合的に判断し、買収メリットがありそうだと思われる企業をリストアップ（ロングリスト）します。ロングリストの中から打診先を選定し（ショートリスト）、実際に打診を行います。

無原則アプローチ：買い手情報とマッチングする方法です。思いもよらぬ買い手が現れることもありますが、買い手が現れるかは運任せの要素が強めです。

コラム●M&Aにおける売却希望価格

中小M&Aでは売り手側であるオーナー社長側から売却希望価格を提示するケースが多く見られます。M&A会社からも売却希望価格を聞かれることが多いかと思います。

売却希望価格を示した方が無用な折衝が避けられるため効率的です。他方でM&Aは億単位の取引となるようなケースが多々あります。そのような場合は効率性を重視することの見合いとして多額のデメリットとなる可能性があります。売却希望価格を提示すべきか否かは慎重に考えてもいいでしょう。

売り手が売却希望価格を示さなくてはいけないというM&Aルールはありません。

売却希望価格を示すと、関係者は検討の手間を削減できる反面、希望価格以上で売却する機会を逸することになります。売却希望価格を示すべきか否かは案件規模にもよるため、M&A会社に相談しながら判断するといいでしょう。

③買い手の初期検討……買い手任せはダメ！

買い手が初期検討に入った場合、オーナー社長側は検討結果を待つことになります。その際、M&A会社を活用して、買い手の状況をモニターしておくことが望ましいです。

買い手側では検討に際して色々な疑問や悩みが出てきます。もちろん、本来は買い手自身で検討して解消すべき話なのですが、それでは買い手がギブアップしかねません。

M&A会社は何も言わなくても買い手側の検討状況を定期的に様子窺いすることが多いですが、オーナー社長側でもM&A会社に買い手の検討状況を聞いてみるといいでしょう。

コラム●事業承継と投資ファンド

投資ファンドというと新聞紙上を賑わせる大規模M&Aをイメージされるかもしれませんが、投資ファンドは事業承継の領域にも進出しています。

投資ファンドは企業転売業者のように見られることもありますが、実際にはその多くが、企業成長の知見が豊富なプロフェッショナル企業です。

投資ファンドは自己資金や年金などの機関投資家から出資を受けた外部資金を元手に企業買収を行います。一般的には3～5年程度の時間をかけて企業の改善や成長を図り、最終的には企業売却や株式上場を行います。

投資ファンドにとっては案件規模が小さくても業務改善のために労力がかかる点は大規模案件とそれほど変わりませんので、大規模な案件を志向するのがこれまででした。近年では中小企業の事業承継も手掛ける投資ファンドも続々と出てきています。

投資ファンドは意思決定が早い点で魅力的です。他方で投資ファンドとしての性格上、買収対象とできるか否かに一定の基準が存在します。中小案件と言っても利益水準が一定水準を超えないと投資対象外となります。

【投資ファンドにフィットしやすい企業】
・営業キャッシュ・フローが安定的
・ビジネスモデルが確立している
・経営陣による経営管理がしっかりなされている

・営業利益水準が1億円程度以上
・借入金が少ない
・課題が明確かつ解消可能

④M&A判断……売るべきか、売らざるべきか

オーナー社長にとってM&Aをすべきか否かはM&A金額とも相まって大きな悩みとなります。

悩みを解消する上で、オーナー社長の選択肢を整理しておくことは有用です。M&Aを考えているということは後継者不在という状況が想定されます。そうだとすると、オーナー社長にとっての選択肢は次の通りです。

（ア）第三者に事業承継（M&A）
（イ）会社清算（清算）
（ウ）事業継続（一旦保留・将来にM&Aまたは清算）

それぞれの選択肢における企業価値のイメージは次の通りです。

（ア）第三者に事業承継（M＆A）

M＆Aの場合の企業価値はオーナー社長の手を離れて買い手に委ねられます。M＆Aには証券市場のような目に見える市場がないので、買い手候補群が考える相場観＝企業価値といえるでしょう。

例えば会社を引き継ぎたいと考える買い手としてX、Y、Zの3社がいたとします。X、Y、Zはそれぞれ買収後の経営プランや投資メリットを踏まえ、「これくらいで買えば採算は合う」というラインを真剣に検討します。設備の購入、工場の建設、店舗出店などと同じ発想です。投資をする際には、見込まれるリターンを考えながら損しないように投資可能な金額を検討します。

X、Y、Zのそれぞれから検討可能な買収金額をヒアリングすると、オーナー社長には現実的な価格が見えてきます。これがM＆A市場に近いもので、相場観です。この相場観は、X、Y、Zの「これくらいで買えば採算は合う」というラインに基づいて出てきたもので、売り手であるオーナー社長がいくらで売りたいかは関係ありません。各買い手は各自の状況に基づいて自分で考えます。

買い手が会社をどう見るかが最も重要です。オーナー社長は買い手をコントロールできません。評価会社やM&A会社も同様です。できることは会社の魅力度を十分に理解できるよう、買い手への説明にベストを尽くすことです。的を射た説明をするためには企業評価の枠組みを理解しておくことも必要です。何をどのように説明するかは事前にM&A会社と会話しておくことをお勧めします。

（イ）会社清算（清算）

清算の場合の企業価値は清算した後にいくらの財産が残るかということに尽きます。

財産がいくら残るかは財務諸表上の純資産が手掛かりとなります。実際の清算に際しては、各資産が想定通りの価格で円滑に換金できない可能性に留意が必要です。

また、清算は従業員の雇用や取引先に与える影響など、数値だけでは測れない悪影響があります。そのため、積極的に選択する選択肢ではありませんが、そうだとしても清算を選択したときにどのような価値になるかを理解しておくことはM&A判断上有用です。

（ウ）事業継続（一旦保留・将来にM＆Aまたは清算）

M＆Aを保留し、これまで通りに事業継続する選択肢です。

将来において確実に今以上のM＆A価格や今以上の清算価値が実現できるのであれば、一旦保留も合理的です。ただし、本当に今以上のM＆A価格や清算価値となるとは限りません。

オーナー社長が健康問題に直面するとどうでしょうか。筆者がお手伝いをした中小企業では、オーナー社長の健康問題をきっかけに業績が急速に悪化しました。以前は黒字企業だったのですが、多数の買い手候補から（そのままでは引き継ぎできない）要再生企業だと指摘を受けてしまいました。

将来のM＆A価格（または清算価値）は今と同じではありません。事業継続に黄色信号がともった場合には、買い手がいるか、借入金を返済できるかなど、追い込まれた状況でのM＆Aになりがちです。

【表3】 選択肢と企業価値

選択肢	特徴
M&A	買い手探しが必要
清算	従業員や取引先に迷惑をかける可能性あり
事業継続（保留）	事業継続期間における役員報酬や配当が得られる 将来において、今と同じ前提でのM&Aや清算ができるとは限らない

⑤適切な企業価値の見極め

オーナー社長はM&A価格が妥当か否かどのように見極めるべきでしょうか？　オーナー社長に限らず、大企業から中小企業まで、全てのM&Aの売り手に共通する課題です。考え方に法律などで決まったルールはありませんが、多くの会社・オーナーの売却を見てきた経験では次の3つのいずれか、または組み合わせで見極めがなされています。

（ア）買収提案の比較

複数の買い手からの買収価格の提案を受け、比較検討の中で適切なM&A価格を模索する方法です。比較検討をするということは、そこに小さなM&A市場が存在することになります。

多数の買い手が殺到する案件では比較検討は容易で、分かりやすい方法です。ただし、買い手が1社の場合には比較ができません。また、売り手側で価格設定をする場合、買収価格の比較ができないためこの方法は取れません。

（イ）買い手との十分な交渉

特定の買い手との間でぎりぎりまで交渉する方法です。

例えば親密先とM&Aを行う場合に、わざわざ他の買い手を探し出して価格比較をすることはしません。後述の価値計算の観点を頭に置きながら価格協議し、買い手にとってもぎりぎりの価格であることを確認するという方法が取られます。

「もう少しどうにかならないか」という日常取引に近い交渉がなされるケースもありますし、（大企業などを相手とする場合などには）M&A専門家の力を活用して企業価値評価の枠組みに基づく交渉がなされるケースもあります。なお、売り手側で価格設定をする場合、既に価格を明示しているためこの方法は取れません。

（ウ）価値計算の観点からの妥当性

専門家による価値計算の結果からM&A価格の妥当性を見極める方法です。

外部専門家の評価に基づくため一定の客観性を有します。複数の買収提案も買い手との交渉

【表4】

見極め方法	説明力	メリット	デメリット
買収提案の比較	◎	M＆A相場を理解できる	買い手が1社のみの場合は機能しない
		客観的な比較が可能	
		買い手との交渉は必須ではない	
十分な交渉	○	M＆A相場を理解できる	交渉が十分であったか否かは客観的に分からない
		買い手が1社の場合でも価値の見極めが可能	買い手との交渉を要する
価値計算	○	客観的な見極めが可能	計算結果は机上の計算に留まるため、M&Aの現実と乖離することがある
		買い手との交渉を要さない	
		買い手が1社の場合でも価値の見極めが可能	

も要さず、どのようなM＆Aでも判断材料として活用できます。ただし、評価手法の判断や計算に際して主観が入る点に留意が必要です。また、専門家の評価額で売却できることを保証するものでもありません。M＆Aの専門家には机上の計算だけではなく、M＆A市場の現状や経験則に照らし、現実問題としてどう考えるかという助言をもらうといいでしょう。

⑥企業価値の計算手法

企業価値計算方法として（ア）会計上の純資産を参照するネットアセット（コスト）アプローチ、（イ）証券市場の株価などを参照するマーケットアプローチ、（ウ）対象会社の将来利益などの見通しを参照するインカムアプローチが存在します（「企業価値評価ガイドライン」日本公認会計士協会）。

【表5】　選択肢と企業価値

	ネットアセット（コスト）アプローチ	マーケットアプローチ	インカムアプローチ
考え方	会計上の純資産を参照	証券市場の株価や株価倍率を参照	会社の将来利益などの見通しを参照
評価法	簿価純資産法 時価純資産法 など	市場株価法 類似会社比準法 （倍率法）など	DCF法 配当還元法など
特徴			
客観性	◎	◎	△
市場環境の反映	△	◎	○
将来の収益力の反映	△	○	◎
固有の性質の反映	○	△	◎

代表的な評価方法は図表の記載の通りです。専門家の領域となるため深く踏み入ることは避け、各評価方法の概略の記載に留めています。

・純資産法……会計上の純資産を参照する評価方法

・類似会社比準法（倍率法）……類似した上場会社の株価倍率を参照する評価方法

・DCF法（ディスカウンテッド・キャッシュ・フロー法）……会社が将来生み出す余剰現金（フリー・キャッシュ・フロー）に基づく評価方法

・配当還元法……会社の配当に基づく評価方法

・年買法……会計上の純資産に利益の何年分かを加算する計算方法。評価理論に基づくものではありませんが、実務的に利用されることのある方法です。

コラム●M&Aの価値は一物百価

M&Aにおいて企業価値は一物一価とならず、一物百価となります。買い手毎に価値が異なるのが通常です。法律や裁判の目的で株式価値を一つに決めなくてはいけないケースも稀にありますが、M&Aは自由取引なので買い手にとってメリットがあれば高い価格が付き、そうでなければ低い価格となります。

M&Aという投資からどの程度の価値（メリット）を引き出せるかの量と確度は買い手ごとに異なります。同じような買い手であれば同じようなM&A価格となりやすいため、よりよい買い手探しの観点からは買い手候補の多様性も重要なポイントとなります。

⑦M&A手法（株式譲渡・事業譲渡など）

代表的なM&A手法として、株式譲渡と事業譲渡があります。その他としては会社分割、第三者割当増資、株式交換、株式移転などがあります。

【表6】

	株式譲渡	事業譲渡
売却対象事業	全事業	全事業または一部事業
売り手	株主	対象会社
M＆A後の会社の位置づけ	対象会社は買い手の子会社となる	対象事業は買い手と一体化する
従業員・資産・契約関係の移管	個別に移転させる必要なし＝移管対象が多い場合でもシンプル	個別に移転させる必要あり
借入金	個別に移転させる必要なし	個別に移転させる必要あり
許認可	再取得を要しないケースもある	原則として再取得が必要
税金	移転対象に不動産が含まれる場合でも不動産取得税や消費税は生じない	移転対象に不動産が含まれる場合は不動産取得税や消費税が生じる
偶発債務リスク	買い手が引き継ぐ	買い手は引き継がない＝買い手はDDを省力化可能

株式譲渡とはオーナー社長が会社の株式を第三者に売却することをいいます。株式譲渡の売り手は株主です。

事業譲渡とは会社自身が事業を第三者に売却することをいいます。事業譲渡の売り手は会社です。

M＆A手法の検討に際しては複数の視点からの検討が必要となるため、専門家のアドバイスを受けながら判断すると間違いがありません。M＆A手法次第でDD内容が変わってくるため、少なくとも基本合意までにはM＆A手法の目途を付けておくことが望まれます。

【図2】

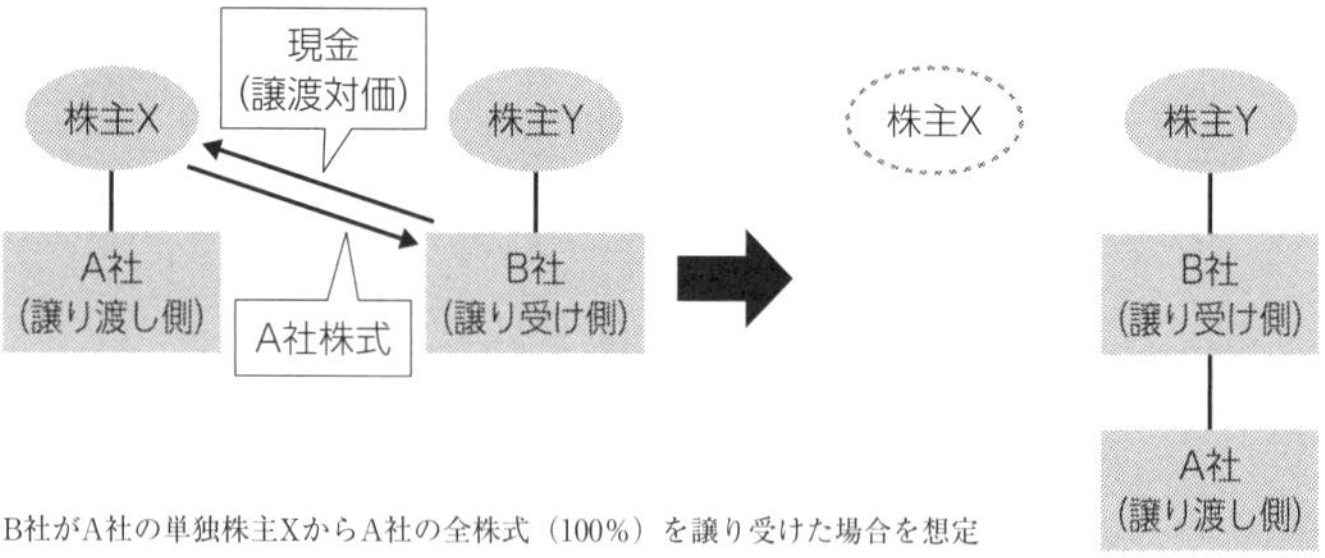

※B社がA社の単独株主XからA社の全株式（100%）を譲り受けた場合を想定

■株式譲渡

株主が株式を買い手に売却し、買い手から売却対価として現金を受領するM&A手法です。買い手は対象企業の経営権を取得することになりますが、対象会社から見ると株主変更です。会社という組織を維持しながら、株主だけが変わります。

オーナー社長が全株式を保有していればオーナー社長のみの判断で株式譲渡可能です。

オーナー社長以外に株主が存在する場合にはその他株主との調整が必要となります。どのタイミングで他の株主に相談するかは情報管理との兼ね合いで個別判断することになります。

【図3】

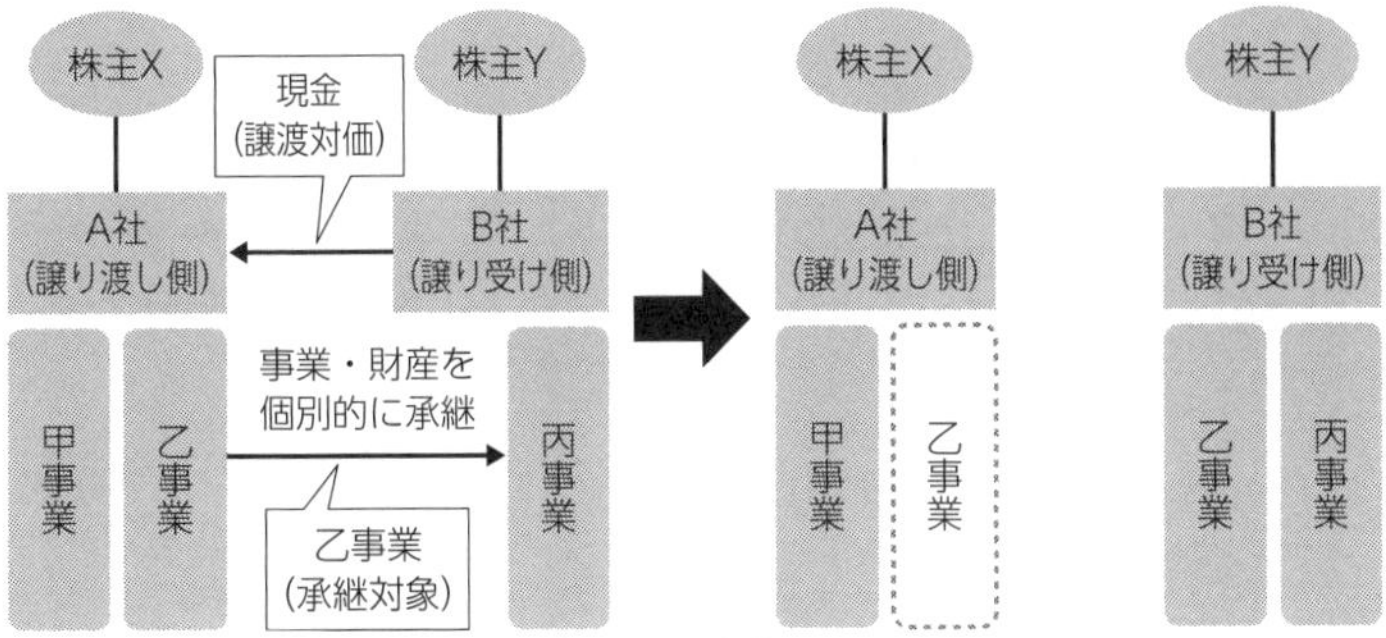

※B社がA社の一部事業（乙事業）を譲り受けた場合を想定

■事業譲渡

会社が全部または一部の事業を買い手に売却し、買い手から売却対価として現金を受領するM＆A手法です。移管対象となる事業は買い手と一体化するため、組織自体が大きく変わります。この点で会社組織を維持し続ける株式譲渡と異なります。

社内外の取引関係が限られる企業にとってはシンプルな手続きとなります。また、一部事業を売却対象外として残すことも可能です。

売却対価は対象会社に入金され、オーナー社長が直接売却対価を受け取れる訳ではありません。M＆A後に対象会社に入金された現金をどのように取り扱うかも検討しておくといいでしょう。

【図4】

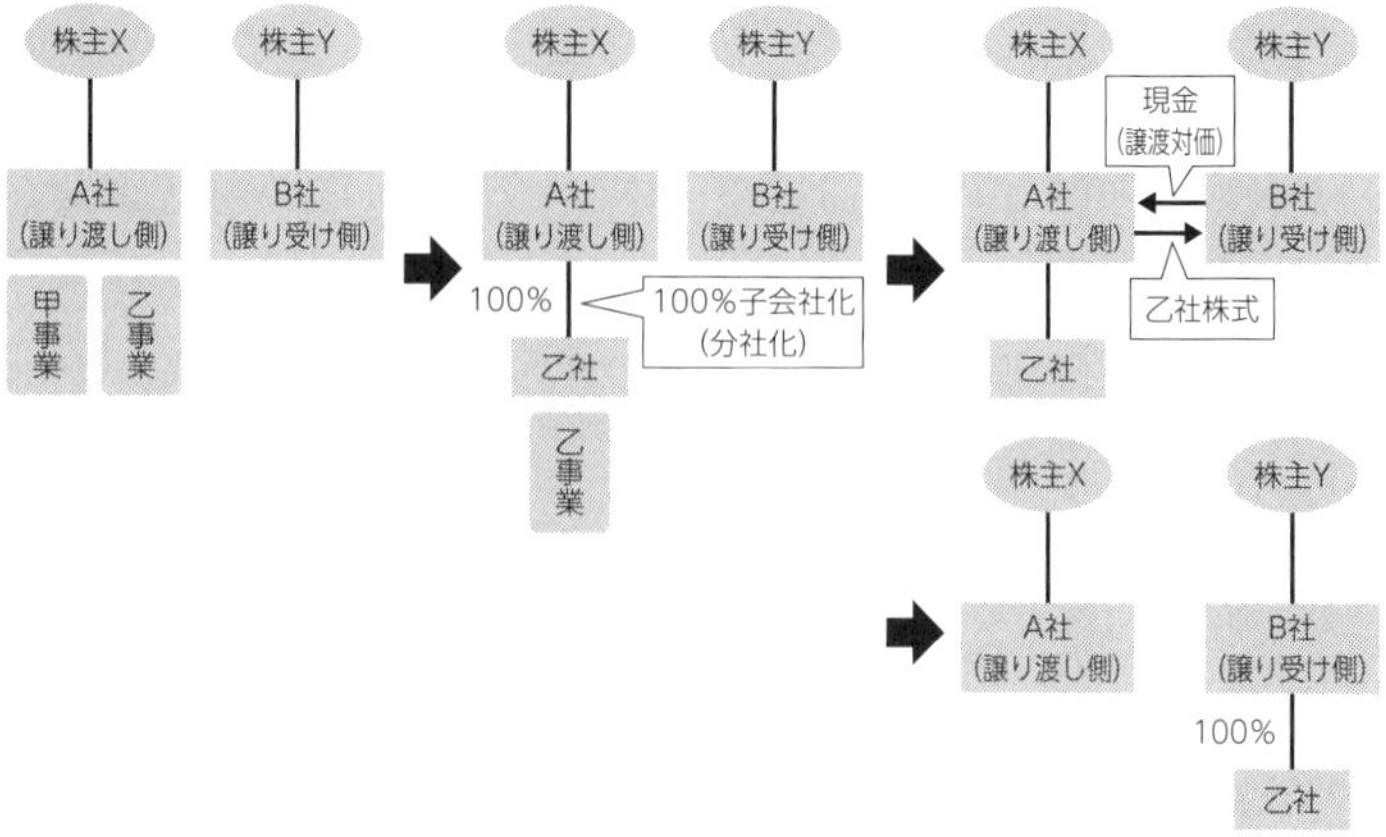

■会社分割（現金対価）

対象会社が、

（ア）売却対象事業を100％子会社として分社化した上で、

（イ）対象会社が分社化された会社の株式を譲渡するM&A手法です。

会社分割という会社法上の仕組みを用いるため一定の法定手続きと時間が必要となりますが、一部事業の譲渡が可能という事業譲渡のメリットと移管対象が多い場合でも対応可能という株式譲渡のメリットの双方を持ち合わせています。

【図5】

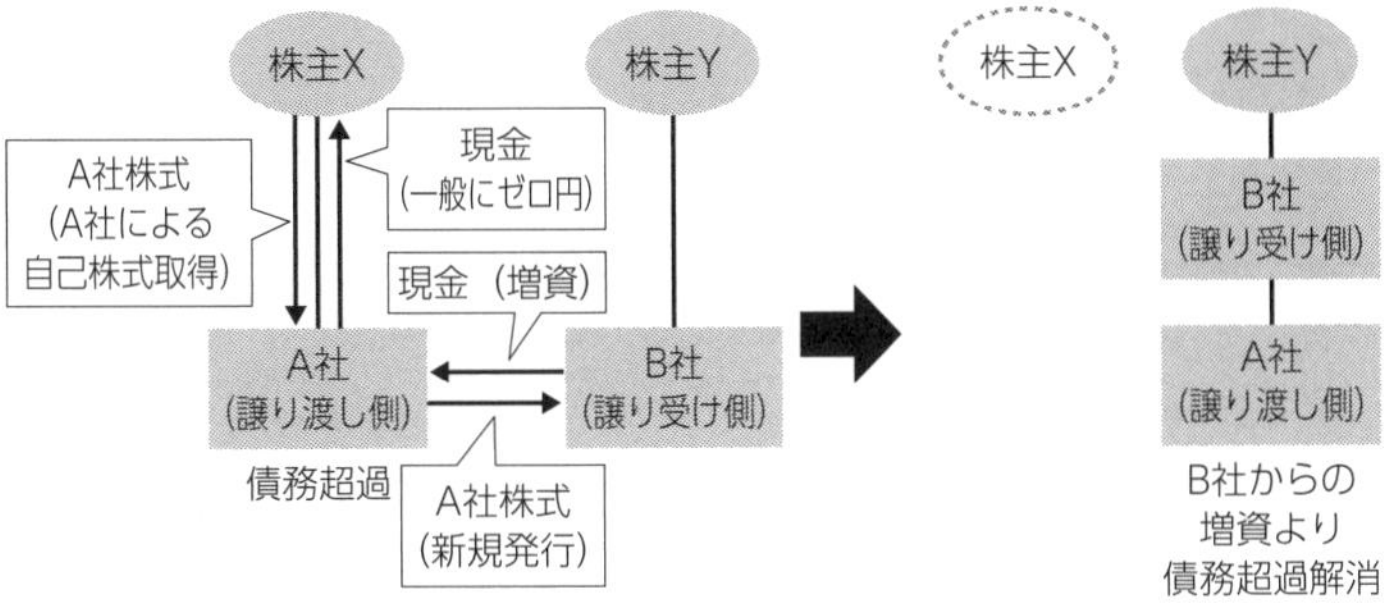

■第三者割当増資

対象会社が全株主より株式を買い取り、新たな株主（＝買い手）に新株発行するM＆A手法です。債務超過などの再生案件に活用され、１００％減資と呼ばれる手法です。

新たな株主からの増資資金は対象会社に入金され、会社の運転資金や債務の弁済に充当されます。会社組織に影響がない点で株式譲渡に類似しますが、買い手からの資金が旧株主ではなく対象会社に入金される点で異なります。

事例●条件付き支払いの活用（アーンアウト）

中小企業のA社が取引先であるB社に会社売却を打診しました。B社は関心を持ち、A社の買収・事業承継に向けた協議が始まりました。

A社は現状の業績から、さらに成長することを見越し、高い評価を期待しました。

一方、買い手であるB社はA社の将来性は理解するものの、A社の将来見通しは過度に楽観的すぎると考えました。そこでB社はA社とどのように会話をするべきかM&A会社に相談しました。

M&A会社はA社の事業計画を分析し、買い手であるB社の想定に基づいて財務シミュレーションを行いました。また、さまざまな手法で価値評価を行いました。その結果、両者の見解の違いは評価方法の違いというよりは将来の事業見通しに対する違いにあることが判明しました。

そこで、「アーンアウト」を用いたM&Aを推奨しました。

具体的には、以下の通りです。

当初支払い：B社の想定価格
条件付き支払い（アーンアウト）：M＆A後の5年目の営業利益が一定金額を上回る場合には
A社の期待する金額となるよう価格を上乗せ（売却代金を追加で後払い）

両者はアーンアウトによってお互いの合意点が生まれると感じ、最終的に合意しました。

⑧ＤＤの概要と特徴

■ＤＤの概要

ＤＤのフェーズにおいて、買い手側は会計士・税理士・弁護士などの専門家を登用し、会計・税務・法務などに関する調査を行います。これらはそれぞれ財務ＤＤ、税務ＤＤ、法務ＤＤと呼ばれます。さらに土壌汚染の問題が懸念される場合は環境専門家による環境ＤＤ、人事統合や年金などの人事問題が懸念される場合は人事コンサルタントによる人事ＤＤがなされることもあります。

【表7】

DDの種類	主な調査項目
事業DD	対象会社の詳細 経営環境・競争環境 事業の強み・弱み・今後のビジネスチャンス 売り手側作成の将来事業計画の妥当性 買い手側独自の買収後の事業計画の検討　など
財務DD	全般的な財務数値や収益性のトレンドの確認 不適切な経理処理や粉飾の有無 資産に関しては不良資産や回収不能債権の有無 長期設備投資がなされていない固定資産、付保されていない重要資産の有無 簿外債務の有無 親族間取引の内容　など
税務DD	申告書の内容及び申告状況の確認 過去の税務調査の内容確認　など
法務DD	対象会社の順法状況の確認 重要な契約書の内容確認 訴訟や潜在債務の確認 M&Aに際して必要となる手続き・リスクの確認　など
環境DD	書類およびインタビューによる環境リスクの把握 掘削などの実施作業（問題となる可能性が高いと判断された場合）　など
人事DD	買い手と売り手の人事制度詳細の把握 制度の違い及び制度統合上の問題点、統合方法の検討 など

的は、
るような重
の把握、（イ）M
に盛り込むべき内容の
（ウ）価値評価に影響あ
の確認、（エ）M&A後の事
業運営の検討です。

オーナー社長は買い手の希望に基づいて調査に応じるため受け身での対応となりますが、買い手がどのようなことを考えながらDDをしているのかを理解しておくと、資料依頼や質問の背景が理解しや

する

【表8】　チェンジ・オブ・コントロール問題（例）

項目	例
商取引	取引基本契約上、経営権が変わる場合は相手側の事前承諾が必須 経営主体が変わることによる商取引の消滅または取引条件の改悪
リース	リース契約上、経営権が変わる場合はリース会社の事前承諾が必須
許認可	経営権が変わる場合の当局への再申請や事前届け出ルールが存在
特許利用権	ライセンス契約上、経営権が変わる場合は権利者の事前承諾が必須
借入金	金銭消費貸借契約上、経営権が変わる場合は銀行の事前承諾が必須 経営者保証の円滑な解除方法
賃貸借契約	賃貸借契約上、経営権が変わる場合は賃貸人の事前審査と事前承諾が必須
業務提携	業務提携契約上、経営権が変わる場合は相手側の事前承諾が必須
資本提携	資本提携先が先買権（株式を優先的に買う権利）を有する
人事	経営主体の変更による役職員の退職発生

すくなります。

一般的なＤＤの調査項目は表の通りです。

■経営権の変更による影響（チェンジ・オブ・コントロール）

チェンジ・オブ・コントロール問題とはＭ＆Ａという経営権の変更によって、企業の資産負債や契約が影響を受けることを指しています。

チェンジ・オブ・コントロール問題として図表の例が挙げ

【表9】 DD発見事項（例）

DD	発見事項（例）
会計	長期未回収の仮払金が存在する。実質回収不能 固定資産の耐用年数が軒並み古く、直近で更新投資された形跡がない。M&A後に多額の更新投資が必要となる可能性あり 本業に関係ない不動産と有価証券を保有している 補助金を活用しているため、補助計画から外れると補助金の返還が必要 オーナー社長との取引が複数存在。M&A前に精算が必要 決算書の各利益はオーナー家との取引を補正してみる必要がある M&A後に買い手と類似した水準での経理・決算ができるか不安
税務	繰越欠損金が存在し、M&A後に利益が出た場合は活用可能 中小事業者の特例を適用しているが、M&A後は適用できない
法務	株券発行会社だが株券が存在しない 株主に親族以外の株主が存在する 他人の善意で使用させてもらっていた設備がある。契約書は存在しない。今後は使用できなくなる可能性が高い オフィスの賃貸契約は原則解約不可。解約の場合は多額の違約金が発生する 事前通知が必要な重要な取引基本契約、リース契約及び賃貸借契約が存在（チェンジ・オブ・コントロール） 残業時間の把握が適切に把握できていないため、未払残業代が生じている可能性がある

られます。

買い手にとってチェンジ・オブ・コントロールは重要DDポイントとなりますし、売り手オーナーにとっても重要な問題があれば案件頓挫につながるため事前に把握しておきたいところです。オーナー社長側で気になるものがあれば、売却開始前の簡易調査段階でM&A会社に相談しておくといいでしょう。

■DD上の発見事項

DD発見事項としては案件ごとにさまざまです。例としては図表のようなものが挙げられます。

全ての発見事項がオーナー社長に共有される訳ではありません。買い手は売り手に見えないところでさまざまな発見事項に直面し、対応を検討しているのが通常です。買い手からオーナー社長に伝えられるDD発見事項は協議が必要な重要事項と考えておくといいでしょう。

コラム●DDと事業計画

買い手は会社の今後の成長や収益性に対して高い関心を持ちます。中小M&Aでは事業計画が存在しないケースも多く見られますが、事業計画がある場合は開示します。

買い手が売り手作成の事業計画を参考にして買収検討する場合、買い手より「(DD対象である)会社作成の事業計画の内容についても表明保証してほしい」と言われることがしばしばあります。表明保証とは正しい内容であることについて保証し、間違っていたら責任を取るというM&A契約です。

事業計画は買い手の判断の重要な要素であるため、事業計画自体が根拠のないものであれば、それに伴う損害を賠償してほしいという買い手の心情は理解できないこともありませんが、実務的に事業計画を表明保証の対象とすることはありません。事業計画の達成可能性は事業のリスクそのものであり、買い手側でリスクテイクする前提でM&Aがなされます。

事業計画の質や確度はM&Aごとに大きく異なります。買い手側では事業計画が表明保証の対象とならない前提で、業績見通しを精査し、必要に応じて補正して評価・判断する必要があります。売り手側では買い手の参考となるよう、過去の業績、現在の経営環境、今後の経営方針などを踏まえながら事業計画の実現可能性を説明できるといいでしょう。説明に際しては、M&A会社に相談するのも一案です。

⑨クロージング

■クロージングまでに必要な書類

M&Aをクロージングするためには株式譲渡契約書以外にもさまざまな書類の準備が必要です。書類の内容、日付、押印者、押印場所など、専門知識が必要となるため弁護士や司法書士に任せる部分となります。

図表は、クロージングまでに必要となる書類の例です。個々の案件ごとに大きく異なる点には留意いただければと思いますが、関係者が多く、さまざまな書類が必要であることから書類準備に時間を要する傾向にあります。

【表10】クロージングまでに必要となる書類（例）

書類	内容	押印者
譲渡承認請求書	会社に対する株式譲渡の承認請求	売り手
取締役会議事録（または株主総会議事録）	株式譲渡の承認決議	全株主または全役員
株主名簿の名義書換請求書	会社に対する名義変更請求	売り手 買い手
既存役員の辞任届	既存役員の辞任届（効力発生はクロージング日）	退任役員
株主総会議事録	買い手を役員として選任（効力発生はクロージング日）	全役員
他の株主の株式譲渡契約	オーナー社長以外の株式保有者と買い手との間の株式譲渡契約（必要な場合）	他の株主 買い手
継続支援契約書	売り手による継続サポートに関する合意書（必要な場合）	売り手 会社

■クロージング会議

クロージング日には事前に定めた時間に関係者が一堂に会します（クロージング会議）。

クロージング会議の場では株券などの受け渡しと資金決済を行います。売り手と買い手の双方がひとつの場所に集まり、その場で資料を確認し同時決済を行います。

クロージング会議の場所は法律で決まっていませんので自由に選べます。書類関係を弁護士に任せる場合は、何かあった時にその場で対応できる弁護士事務所が便利です。

動く金額が大きい割にあっさりと終了することが多く、意外感を持つ方も多いです。M＆A会社でクロージング会議を行う場合は多少セレモニー的なことを行うこともありますが、弁護士事務所の場合は粛々と終わります。

⑩ M&A協議・交渉

■交渉力が増す二の矢、三の矢（BATNA）

M&Aの売り手には、「買い手と交渉するとせっかく見つけた買い手が逃げてしまい、案件ブレイクとなるのでは」という恐怖感が多かれ少なかれ存在します。

交渉力に長けたオーナー社長も多々いらっしゃいますが、筆者のようなM&Aコンサルタントにはどの会社にも適用できる再現性が期待されています。M&A交渉では交渉力確保に向けた事前準備が重要になります。

そこで重要となるのがBATNA（Best Alternative To Negotiated Agreement）という考え方です。直訳すると「合意に次ぐ最善の代替案」ですが、平たく言うと常に二の矢、三の矢を事前に準備しておきましょうということです。合意できない場合にはこうする、こうできる、という安心感があれば自ずと交渉力が増します。オーナー社長の声が大きいか否かはあまり関係ありません。交渉時に威圧感を出す必要もありません。

例えば、買い手A社との交渉に際し、次善の買い手B社が存在する場合と存在しない場合を考えてみましょう。B社が存在する場合は「A社との交渉がうまくいかないのなら仕方ない」という気持ちで交渉に挑めます。B社が存在しない場合は「妥協してでもA社と何とかして話をまとめなくては」と追い込まれた心理状態になります。

■感情的になってしまいそう?

買い手の意向はオーナー社長がコントロールできるものではありません。中には不規則な動きを取る買い手もいます。これはオーナー社長にとってストレスです。また、買い手にも立場があるので、オーナー社長に配慮した条件提示を心がけるとしても限界があります。

オーナー社長がM&Aの前面に出れば出るほど、ストレスに直面する機会が増大します。

オーナー社長が前面に出るのは顔合わせや最終確認のタイミングなどに限定することをお勧めします。重要判断をするオーナー社長が感情的になってしまうと冷静な判断ができなくなり、M&Aに支障が生じます。どのタイミングで前に出るべきかはM&A会社に相談しながら決めるといいでしょう。

3　M&A会社への任せ方

（1）無理せずM&A会社に任せる

M&A会社に依頼しなくてもM&Aは可能です。小規模M&Aや実質資産売買というケースであればM&A会社なしでも進められるケースはあるでしょう。

しかし、オーナー社長が思っている以上にM&Aは大変です。目先の作業や一時の感情で重大な意思決定を誤ってしまっては元も子もなくなります。任せられるものはM&A会社に任せ、重要な意思決定にフォーカスすることをお勧めします。

M&Aにおいて、オーナー社長にとって重要な部分とそうでない部分を分けてみます。縦軸に作業負担、横軸に重要度で区分したのが次頁の図です。

【図6】 M&A作業の重要度及び作業負担

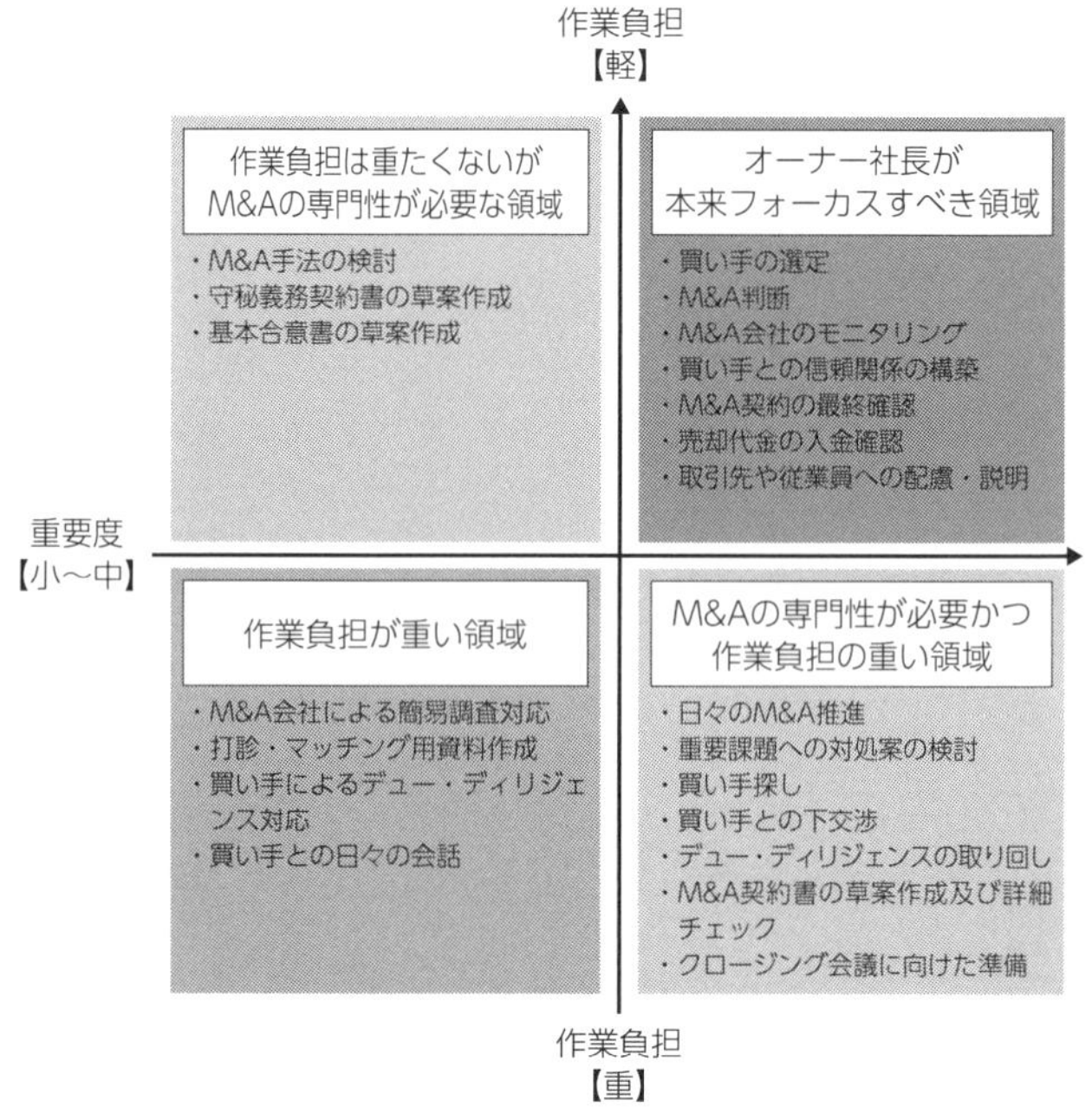

図の右半分が重要度の高い項目です。作業負担が重い部分やテクニカルな部分は他人の手や頭を借りるといいでしょう。オーナー社長自身で対応すべき部分は図の右上、積極的にM&A会社や専門家の力を借りるべき部分は図の右下になります。

図の左半分は重要度が高いとは言えない部分です。作業負担の大小に拘わらず、オーナー社長自身が積極的に対応するより、任せた方がスムーズと思われます。専門的な事項であればM&A会社、社内の事項であれば顧問税理士や社内担当者に任せるといいでしょう。信頼できる担当者に任せられればオーナー社長は重要度が高い部分にフォーカスできます。

■M&A会社に任せるといい事項①：買い手探し

M&A会社は独自のM&Aネットワークを有しています。M&A会社を活用することでそのネットワークを活用し、場合によってはM&A会社より買い手候補に積極打診してもらうことが可能となります。

営業が得意なオーナー社長であってもM&Aの買い手探しが得意とは限りません。オーナー社長自らが動けば、お願い営業のようになってしまいますし、売却検討中という機密が漏れることにもなります。

■M&A会社に任せるといい事項②：客観的な視点からの自社のアピール

M&Aは買い手にとって投資となるため数字が重要です。オーナー社長の会社に対する思いが深ければ深いほど、買い手の投資計算の発想とすれ違いやすくなります。M&A会社を活用し、オーナー社長の思いが買い手に響くような客観的な言葉に転換することをお勧めします。

M&A会社は買い手に対し、買収意義があるから買うべきだと説明します。買収意義には利益の積み上げ、事業規模拡大、多角化、地域貢献などさまざまです。

M&A会社は会社の魅力度を伝えて売却につなげる営業マンのような役割も有しますが、M&Aのような重要判断において押し売りやお願い営業は通じません。きちんとした買い手ほど、慎重に経済計算を行い合理的に判断します。M&A会社は買い手視点や対象会社の特徴を見極めた上で、なぜ買うべきなのかを客観的な視点でアピールすることが求められます。M&A会社が専門的だと、「あの会社が言うのならばメリットがあるかもしれない。ちょっと考えてみようか」となり、買い手の不必要な警戒を回避できるという副次的効果も期待できます。

■M&A会社に任せるといい事項③：円滑なM&A遂行

多くのM&A会社は全体スケジュールを作成し、極力それに沿ってM&Aを進めます。相手のある話のため、完全にスケジュール通りに進むとは限りません。全体スケジュールがあることでいつ何が起こるのか、どの部分が遅れているのかなど、全体が見えるので漠然とした不安から解放されます。

スケジュールは気にしない、と思った方は次のようなケースを考えてみてください。M&Aに限らず、プロジェクトと呼ばれるもの全てにおいて起こり得る話で、そのような状態になってから相談に来られるケースは珍しくありません。

・何度か協議をしているが、互いに遠慮し合って言いたいことを言いにくい。進んでいるようで何も進んでいない。
・会話をしたがそこから時間が空きすぎている。期日がないのでどんどん時間が過ぎていく。
・協議状態が長く続いている。M&Aの肉体的・心理的な負担は大きく、長期間の集中は難しいので早く白黒つけたい。
・M&A協議している間に会社の決算期をまたいでしまった。直近期分の財務数値も調査したいと言われた。こんなことは聞いていないし、どうにかしてほしい。

（2）売却方針とM&A会社への相談タイミング

初期相談を無料としている専門家やM&A会社は多いです。初期段階で意見を聞いてみたいという場合には活用されるといいでしょう。悩みなきM&Aというものはほぼなく、どのようなM&Aでも悩みや課題があります。専門家は先読みができるため、話を聞いておくと多少なりとも不安は解消されるように思います。

M&Aを進める際には売却方針を決めておくことが必要です。絶対に売却すると決める必要まではありません。オーナー社長には売却しない（または清算する）という選択肢が存在するのはM&A会社も買い手も当然に理解しています。できればM&Aをしたいという状態であればM&A会社も真剣に話を聞いてくれるはずです。

オーナー社長自身が売却に真剣である点は非常に重要です。オーナー社長の真剣度合いが周囲の真剣度を引き出すカギとなります。

笹山 宏（ささやま　ひろし）

スクエアコーポレートアドバイザリー株式会社（総合M&A専門会社）
代表取締役／代表パートナー

自己紹介

1999年公認会計士試験合格。大手監査法人（現ＫＰＭＧあずさ監査法人）に入所し会計監査や財務サービスに従事。2004年以降大和証券、野村證券、ＵＢＳ（スイス銀行)、米国証券会社において、Ｍ＆Ａや金融の最先端で活躍。その後、大手監査法人（ＥＹ新日本監査法人）のＭ＆Ａ専門部署に移籍し、責任ある立場で大手企業や中小企業に対するＭ＆Ａ支援サービスを提供。弁護士、税理士などの専門家と信頼関係を築きながら依頼人のＭ＆Ａを支援。2019年スクエアコーポレートアドバイザリー株式会社を設立し、代表取締役に就任。上場企業・金融機関から中小企業まで、さまざまな顧客からの依頼に基づいてＭ＆Ａを成功に導く。埼玉県では小規模介護事業者の事業売却や県内大手上場企業へのＭ＆Ａ提案の経験を有する。

慶応義塾大学商学部卒業
公認会計士、日本証券アナリスト協会認定アナリスト

企業ホームページ　https://www.squaregroup.co.jp/

連絡先
TEL 03-6759-8526　Mail info@squaregroup.co.jp

【参考・引用元】

『事業承継ガイドライン（令和4年3月改訂）』中小企業庁HP、2022年
『中小M&Aガイドライン─第三者への円滑な事業引継ぎに向けて─』中小企業庁HP、2020年
『企業価値評価ガイドライン』日本公認会計士協会（編集）2013年
『新版　M&Aのグローバル実務　第2版』渡辺章弘著、中央経済社、2013年
『会社売却とバイアウト実務のすべて』宮崎淳平著、日本実業出版社、2018年
『M&Aの契約実務（第2版）』藤原総一郎（編著）、中央経済社、2018年
『スモールM&A実務ハンドブック』五十嵐次郎著、中央経済社、2021年

第四章

法務

辻本恵太

1 概要（法務チェックの必要性について）

企業買収・企業再編などのM&A取引にあたり、意思決定に影響を及ぼすような問題点を調査、検討する手続きを買収監査とかデューディリジェンス（Due Diligence）といいます。頭文字を取って、DDと呼ばれたりします。

DDの中でも、私たち弁護士は、法律上の問題点について調査、検討を行うのが一般的で、これを法務DDといったりします。

DDは、売主、売主候補が対象会社の問題点を調査、検討する場合、合併当事者が自社の問題点を洗い出す場合に行われることもありますが、典型的なものは、買主、買主候補が、買収の対象となる会社の問題点を調査、検討する場合に行われるものです。

当然のことではありますが、意思決定に影響を及ぼすような調査、検討をするべき問題点は、法的なものに限られません。法務DD以外にも、各種専門家によってさまざまな目的のためにDDが行われます。

例えば、法務DDの他には、公認会計士が行う財務DD、税理士が行う税務DD、コンサルタントや当事者自身が行うビジネスDD、環境DD、不動産鑑定士、司法書士などが行う不動産ＤＤ、その他、人事ＤＤ、ＩＴＤＤなどがあります。

広く企業を買収する手段としては、株式譲渡、公開買付け手続き（いわゆるＴＯＢ）、事業譲渡、会社分割、合併、株式移転、株式交換などがあり、買収ファンドが買主となり、あるいは経営陣が買収ファンドと協力して会社を買収するマネージメント・バイアウト（ＭＢＯ）、買収資金を対象会社の資産を担保とした貸付によりまかなうリバレッジド・バイアウト（ＬＢＯ）など多種多様です。

本書は、法務ＤＤを詳細に解説することを目的とするものではなく、埼玉で頻繁に行われる、後継者のいない中小企業の事業承継（事業承継型Ｍ＆Ａ）における法務チェックをイメージしてもらうためのものです。そこで、本書では、断りがない限り、中小企業で頻繁に行われる株式譲渡を念頭に説明したいと思います。実際の中小企業のＭ＆Ａでは、本書で解説をする株式譲渡以外にも、事業譲渡が多く行われますが、事業譲渡の場合には株式譲渡とは異なる配慮が必要になったり、課税の方法が全く異なりますので注意が必要です。株式譲渡、事業譲渡、会社分割などそれぞれのスキームには、メリット、デメリットがありますので、専門家に相談するとよいでしょう。

本書を見て、法務ＤＤの全てを理解してもらうことはできませんが、法務ＤＤがどうして必要なのか、法務ＤＤをしないと当事者が予想できなかったような大変な事態になってしまうかもしれないということを理解していただければ幸いです。

2 法務DD

（1）中小企業の法務DDの特徴・意義

①埼玉で行われる中小企業の事業承継型M&Aの場合、友好的に行われることが多いというのが特徴になります。

大企業の企業買収と大きく異なる点といえば、一つは、株主が誰かが確実ではない場合があるという点です。中小企業の大半は、株式について譲渡制限の付された譲渡制限会社で、株主は、売買が予定されていない自己の持ち株の管理がルーズになってしまうことも少なくありません。

二つめは、定款、取引基本契約書、就業規則、株主名簿などの資料が欠落したり紛失したりしていて、資料収集が困難だったり、時間がかかることが少なくない点です。資料などがない場合、それを整備することができるのか、整備できない場合に甘受できるリスクなのかなどを検討する必要があります。

三つめは、コンプライアンスのレベルが大企業とは大きく異なるという現実です。この点は、弁護士が、限られた時間の中でできる限り、問題点を発見して指摘することになりますが、過小に評価することはできない反面、過大に評価しすぎることも意思決定をゆがめることにつながってしまいます。

②法務DDのレポートに基づき、対象会社が取引先との契約におけるCoC条項（149頁参照）への対応をしたり、名義株主から確認書をもらったり、最終契約締結、取引実行に向けて各種の対応をする場合もあれば、指摘した法律上の問題点が深刻すぎるときには取引自体を中止しなければならないこともあります。

このように法務ＤＤは、取引を続けるのか、中止するのか、その意思決定に影響を及ぼす重要な業務といえるでしょう。

なお、法務ＤＤは、財務ＤＤ、税務ＤＤ、不動産ＤＤなどと連携をすることが有用であることが多く認められます。法務ＤＤでは、契約書などを中心に取引を確認しますが、財務ＤＤでは各種会計帳簿を確認します。そこで、財務ＤＤが会計帳簿などにより法務ＤＤで分からなかった取引の存在を発見することができる場合がありますし、贈収賄などの不祥事を発見する場合もあります。法務ＤＤをする弁護士としては、他のＤＤとの連携をうまくすることが一つのポイントでしょう。

（2）法務ＤＤでチェックすべきポイント

①会社概要・株主

（ア）概要

会社の設立、会社組織および株式に関する事項については、法務ＤＤの中で最も基本的な調査事項であり、一般的には法務ＤＤの結果をレポートする際に最初に考えるべきものです。

なぜならば、対象会社が有効に存続していない会社だったら、もし売主が売却しようとする株式について株主ではなかったら、対処することができない深刻な問題ですので、当然、取引自体を中止するしかないでしょう。

そこで、会社の設立、会社組織については、（ア）対象会社が適法、有効に設立し、現在も有効に存続しているのか、（イ）対象会社が、法令、定款その他社内規則に従って、株主総会、取締役会などの会社機関が運営されているのか、（ウ）取締役会決議の取得など、取引にあたり、法令、定款その他社内規則で必要な手続きはないか、ということを調査することになります。

また、株式については、株式の権利内容、適法、有効に発行されているのか、売主が法律上の株主であるのか、種類株式、新株予約権などが発行されている場合の問題、株主間契約上の問題などを調査することになります。

さらに、対象会社と株主との関係、対象会社と関連会社との関係など、対象会社をめぐる企業グループにおいて、対象会社が大株主や関連会社とどのような取引関係を結んでいるのかを理解し、法律上の問題点を検討します。

（イ）設立関係

会社設立については、法律上の手続きに従って設立されているか、現物出資、財産引受などが定められている場合に検査役の調査が行われているか、検査役の調査が不要とされる要件を満たしているかなどを調査することになります。株式会社の設立の無効を主張するには、法律上、会社の設立の日から2年以内に限り、かつ、設立無効の訴えの手続きによらないとされております。対象会社の会社の設立日から2年が経過していれば、原則として、対象会社の設立が無効となることはないと考えてよいでしょう。

（ウ）定款と社内規則

次に、対象会社の基本情報を把握するために、定款を確認することになります。定款によって、会社の組織形態、種類株式、新株予約権などの資本形態、株式譲渡制限の有無、特定の株主による取引の拒否権の有無などを把握することができます。

また、目的、商号、本店所在地など記載していないと定款そのものが無効になってしまう事項（絶対的記載事項）が定款にきちんと記載されているかをチェックしなければなりませんし、定款に記載しなくても定款そのものは無効にならないのですが、定款で定めないと効力が否定される事項（相対的記載事項）、記載しなくても定款そのものが無効になるわけではなく、記載しなくても効力が否定されない事項（任意的記載事項）について特筆すべきものがないかもチェックします。

取引を実行する前に、対象会社の目的など定款変更をする必要があるかというチェックも必要となります。

また、定款の下位規則にあたる社内規則がある場合、合わせて確認する必要があります。例えば、取締役会の招集手続、決議方法、決議事項、運営方法を定めた取締役会規則、株主名簿の書換えなどを定めた株式取扱規則などの社内規則も確認する必要があります。ただし、必ずしも社内規則を制定する必要はないため、対象会社によって、どの程度細かく社内規則が定められているかはまちまちで、中小企業などでは、社内規則が整っていないことが少なくありません。

（エ）商業登記簿謄本

定款と同様、対象会社の基本情報を把握するのに商業登記簿謄本の確認は重要です。

発行する株式の種類と数、株式の譲渡制限の有無、株券発行会社か否か、新株予約権などの発行の有無と権利の内容、役員、取締役会設置会社であるかなどの組織形態を確認でき、定款と整合するかなどもチェックします。なお、会社は、登記に反映させなければならない行為をしたときには一定期間内に登記をしなければならないのですが、これを怠っている場合があったり、登記申請後はしばらく登記簿謄本を取得できなくなることにも、一応、注意が必要です。

（オ）各種会議体の議事録など

法律上開催が要求されている会議体の議事録の検討は、重要です。

株主総会議事録はすべての会社に必要ですし、取締役会設置会社は取締役会議事録、監査役会設置会社は監査役会議事録、委員会設置会社であれば各委員会の議事録などがあります。取締役会および株主総会の決議に代えて、書面の同意や通知をする場合、その内容もチェックする必要があります。

法令上、決議の取得が要求される場合、特に注意が必要になります。例えば、取締役会設置会社である対象会社が、過去に、重要な財産の処分および譲り受け、多額の借財などを行っていた場合、これらの行為について、取締役会決議を得られているかどうかをチェックしなければなりません。

対象会社が法令上必要とされる決議を得ずにした過去の行為については、有効性に疑問が生じることになります。詳細な説明は割愛しますが、決議を得ていなかったとしてもその欠陥が治癒されたり、事後的な追認ということも考えられます。

また、逆に、会議体が決議できないような事項について決議していないかということも確認が必要です。法律上、株主総会の決議を取得しなければならず、取締役会にその権限を授権することができないにもかかわらず、取締役会に授権して決議しているようなケースが考えられます。

議事録の確認については、会議が開催された時期、開催手続き、決議内容が法令のみならず、定款、社内規則に反していないかを確認しなければなりません。

さらに、各議事録を見て、取引後、買主が想定している事業計画を遂行していく上で、事業に重大な影響を及ぼすような決議がなされていないかということを確認することも重要です。

その他、法律上開催が予定されているものではなく、任意の会議体の議事録が作成されていることもあります。一部の役員で構成する経営会議、執行役などで構成される常務会があり、その法的位置づけも単なる諮問機関にすぎない場合もあれば、法的に拘束力を持つ場合もありますので、必要な範囲で確認をすることになります。

（カ）株式、潜在株式および株主関係

株式については、種類株式が発行されていればその権利内容、譲渡制限の有無、株券を発行する定めの有無、発行済株式数のほか、株主総会決議、取締役会決議など発行に必要な手続きをしているかなどを確認する必要があります。商業登記簿謄本、定款、各種議事録のほか、株主名簿などを通じて確認することになります。

もっとも、新株発行の無効の訴えは、株式の発行の効力が生じた日から6カ月（非公開会社は1年）以内に提訴しなければならないため、この期間を経過していれば、原則として、募集株式の発行が無効となることはありません。

次に、株主について説明します。株式譲渡の場合、買主は、株式に対して対価を払いますので、売主が株主になっているかなどを確認することは重要です。

株主については、株主名簿、株式譲渡制限がある会社（非公開会社）であれば、取締役会などの承認権限を有する機関による譲渡承認決議をしたことを証明する書面などを確認して、株主構成を把握することになります。

株主が少数の場合、株主名簿を見ながら、ヒアリングをして株主の属性を確認することになります。創業家関係者、取引先、投資家などグルーピングをし、創業家の保有割合などを確認したり、いわゆる総会屋や過去に株主代表訴訟を提訴したことがあるなどの特別な株主がいないかを確認します。

また、対象会社が所有する自己株式、対象会社の子会社が所有する対象会社株式について確認が必要です。自己株式については、手続きなどの規制や財産規制があるため、過去の自己株式の取得について問題がないかを確認する必要があります。子会社が所有する対象会社株式については、原則として、取得が禁止されているため、法令違反になっている可能性があります。

もっとも、買主が、取引実行によって、対象会社の子会社から所有する対象会社の株式を買い受けた場合には、法令違反になっていた状態が解消されることになります。

株式に関する法務ＤＤで最も重要なのは、売主が対象会社の名義上の株主というだけでなく、当該株式が発行された株主から売主が取得するまで、転々と譲渡されたすべての株式譲渡取引が有効であったことの確認です。詳しい説明は割愛しますが、株券不発行会社については、株式譲渡取引において取引当事者に意思表示をすることについての錯誤などがあったのか、意思能力、行為能力の有無などを調査することがとても難しくなります。

また、株式に質権や譲渡担保などの担保権が設定されているかどうかを確認することも必要です。

通常、株式譲渡契約において、売主は、株式に担保権の負担がないことを表明、保証することになりますので、契約締結までに担保権を消滅させるように対応することになります。

他方、売主が、株式譲渡契約の締結前には担保権を消滅させず、株式譲渡契約の売却代金で担保権の被担保債権の弁済を行うことを考えている場合、株式譲渡契約において、売却代金の支払い、被担保債権の弁済による担保権の消滅、そして、担保権の負担のない対象会社の株式の譲渡が同時に行われるように規定することになります。

さらに、新株予約権、新株予約権付社債などのように、一定の事由が生じた場合、対象会社が将来株式を発行しなければならない義務を負うような、潜在株式についてもチェックする必要があります。

実務上は、従業員や株式会社のインセンティブのために、新株予約権が付与されている場合などがあります。新株予約権を付与した目的、運用状況についても確認することになります。

（キ）大株主、関係会社との関係

関係会社には、対象会社にとって影響力の大きいものもあれば、そうでないものもあり、調査対象を制限して検討しなければなりませんが、対象会社と株主との関係、対象会社と関連会社との関係などを調査しなければなりません。

親子関係以外であっても、資本関係や人的関係によって、一方の会社が他方の意思決定を実質的に支配する関係に立つことがあり、このような支配従属会社間の取引では、独立当事者間取引とは異なる条件でなされたりします。

まずは、関係会社の一覧をもらい、どのような取引があり、対象会社にとってどの程度重要なのかをインタビューすると、限られた時間の中で効率的な調査をすることができるでしょう。

対象会社と株主や関連会社との間の契約に関する資料を確認することになりますし、もし、過去に関連会社を当事者とするM＆A取引をしたことがあれば、その資料を確認することになります。

調査の結果、対象会社がその親会社から不利な内容の取引を強要されていることが分かり、その取引が残っていたりすると、買主は、買収取引実行後にそれに拘束されることになるため、取引実行の際、取引解消、条件変更について検討する必要があります。場合によっては、対象会社の事業継続に全く必要のない契約が存在する可能性もあります。

反対に、売主と対象会社との間で、対象会社の事業継続に必要不可欠な契約が存在する可能性もあり、売主が一方的に契約を終了させると思わぬ損失を被ってしまうことがあります。対象会社が関連会社のコンピューターシステムを利用していた場合など、すぐに別のコンピューターシステムに移行できないこともありますので、買収取引実行により、既存のコンピューターシステムを利用することができないときには、円滑な移行のために協議しておく必要があるでしょう。

（ク）特に注意するべき事項（名義株主の扱い）

最後に、埼玉県で頻繁に行われる、後継者のいない中小企業における事業承継の法務ＤＤについて、会社概要と株式に関して特に気をつけるべき事項をいくつか説明したいと思います。

株式譲渡契約や遺産分割協議書、対象会社の議事録、株式譲渡の承認、名義書換などの手続きの資料等が保管されていないなどの場合、買主に対して後日、第三者から株主としての権利を主張されるリスクがあります。この場合の対応としては、株主である可能性がある人から書面を取得できるのであれば取得するということが考えられます。ただし、現実的には、表明保証を行ったり、表明保証違反は損失補償の対象にするよう定めたり、買収金額で調整をするという対応があります。また、場合によっては、事業譲渡、会社分割、株式移転などを検討するなど、スキーム変更をすることも考えられます。

会社設立の段階で名義だけ発起人となってもらった株主などで実際には出資していない場合、名義株とされることがあります。名義株があると、株主と記載されているにもかかわらず、別の人を株主とされるところが問題となります。

裁判例では、他人の承諾を得てその名義を用い株式を引き受けた場合においては、名義貸与者ではなく、実質上の引受人すなわち名義借用者がその株主となるものとされております。株式取得資金の拠出者、株式取得の目的、取得後の利益配当や新株帰属などの状況、貸与者及び借用者と発行会社との関係、名義借用の理由の合理性及び株主総会における議決権の行使状況などを総合的に考慮してされるべきと考えられています。

名義株があった場合の対応方法としては、名義株主から自分が株主ではないことの確認書を取得したり、最終契約において表明保証を行ない、表明保証違反を損失補償の対象にしたり、買収金額で調整をすることが考えられます。

②資産・負債

（ア）概要

法務ＤＤにおいて、資産についての調査は、重要な項目の一つです。

例えば、不動産については、工場、営業所、店舗などに使用しているものが多いのですが、不動産の使用権限に問題が生じたりすると、継続的な営業収益を見込むことができなくなり、買収取引の意思決定に大きな影響を及ぼします。

不動産以外の資産としては、特許権、商標権、著作権などの知的財産権のほか、棚卸資産、什器備品などの動産、貸付金、売掛金、建設協力金、敷金などの流動資産などがあります。

他方、負債については、資金調達の方法、調達期間、金利、債権者などの資金調達全体を把握することが重要です。対象会社のキャッシュフローが不足したとき、期限の利益喪失など、どのような法律上のリスクを負うのか、その蓋然性などを確認しなければなりません。また、資金の借入れの際に提供されている担保、保証の内容の確認をしたりします。さらに、負債に関する調査の中で大事なものとして、将来、一定の事由により現実化するいわゆる潜在債務の調査が挙げられます。

なお、借入れの総額、借入残高は、財務ＤＤで確認するべき事項ですので、法務ＤＤの対象から外すことも検討するとよいでしょう。

（イ）不動産

不動産については、コンサルタント、不動産鑑定士、司法書士などが行う環境ＤＤ、不動産ＤＤが行うこともありますが、弁護士が行う法務ＤＤとしては、まず、対象会社の不動産の使用権原を確認することが大事になります。中小企業の企業買収においても、対象企業が多数の不動産を所有している場合もあり、限られた時間の中で全ての不動産について詳細を調査することが難しいときもあります。この場合、対象会社の今後の事業の収益にとっての重要性に応じて、優先順位をつけて調査をすることになります。

不動産の使用権原としては、土地も建物も所有している場合、第三者が所有する土地を賃貸し借地上に建物を所有している場合、第三者が所有する建物を賃貸している場合があり、これらを分けて法律上の問題を考えることになります。

（ａ）まずは、土地も建物も所有している場合、不動産登記簿謄本に基づき所有権の確認、担保権の負担の有無を確認します。できるだけ最新の不動産登記簿謄本を確認することを心掛けるとよいでしょう。

なお、未登記建物があったりするため、必ずしも不動産登記簿謄本を確認するだけでは、対象会社が所有する不動産をすべて網羅することはできません。また、建物が複数筆の土地にまたがって存在しているにもかかわらず、その内の一部しか開示されていない場合、開示されていない土地を見つける必要があります。

不動産登記簿謄本を確認するだけでなく現地調査をすると、どの土地の上にどの建物が建っているのか、未登記建物が存在しないかなどが分かります。また、建物図面や公図を確認する方法も考えられますが、未登記建物を確認できないなど万全とはいえません。

時間的な制約がありますので、効率性と不動産を網羅する重要性とを調整しつつ、事業にとって重要なものに限り、土地家屋調査士などに依頼して現地調査をし、それほど重要ではないものについては、開示された資料のリストには漏れがないものと信頼するのも一定の合理性が認められるでしょう。

（b）次に、第三者が所有する土地を賃貸し借地上に建物を所有している場合、対象会社が建物を所有していることを不動産登記簿謄本により確認します。
また、地上権設定契約書や土地賃貸借契約書をもって、対象会社が第三者から土地の使用権原を設定されていることを確認します。なお、賃料、敷金の金額やそれらを定めた内容、他人物賃貸になっていないか、転貸借の場合の原賃貸借契約は存在するか、賃貸借の残存期間はどのくらいか、中途解約する権利が留保されていないか、更新条項に関する取り扱いなど、借地借家法などの関係法令を踏まえ、契約内容の把握をしなければなりません。

さらに、土地に借地権より優先する担保権が存在しないかという点を確認することも重要な調査事項になります。なぜならば、対象会社の借地権に優先する抵当権が存在する場合、抵当権実行による土地の競落人に対して、対象会社は借地権を主張することができず、建物を収去して土地を明け渡さなければならないというリスクを負うことになるからです。

（c）第三者が所有する建物を賃貸している場合

建物とその敷地の不動産登記簿謄本、建物賃貸借契約書を確認します。

不動産登記簿謄本の確認によって、建物に設定されている抵当権などとの優劣関係を確認することができますし、建物の賃貸借契約と建物の所有者でなければ、転貸借契約であることを確認することができます。不動産登記簿謄本の確認が法的リスクの発見のきっかけになり、必要に応じて、さらなる資料を求めてリスクの内容を詳しく分析していきます。転貸借契約の場合には、転貸借契約が解除されて建物を明け渡さなければならないリスクを把握するため、できる限り、原賃貸借契約の内容、転貸についての承諾の有無、転貸人の財務状態などを確認します。

建物賃貸借契約書を確認するポイントは多岐に渡ります。例えば、契約書に転貸借であることが記載されていなくても、賃貸人が不動産登記上の建物所有者と異なっていることで、転貸借であることが分かることがあります。その他、詳細な説明は割愛しますが、賃貸借契約の残余期間、更新条項、賃借人・賃貸人からの中途解約条項（とその際の違約金）、賃料・敷金関係、賃借権の譲渡・転貸、修繕義務などをチェックします。

建設協力金が敷金としての法的性質を有せず、金銭消費貸借契約として認定されることがあったりしますし、対象会社が修繕義務を負うことにより多額の支出を覚悟しなければならないこともあります。また、定期建物賃貸借契約に当たる場合、通常の建物賃貸借契約と異なり、契約の期間満了時に契約更新されることはありません。期間満了後も建物の使用を続けたいということになれば、再び、賃貸することを交渉しなければなりません。契約書の表題に「定期建物賃貸借契約書」と記載されているからといって、定期建物賃貸借契約となるわけではなく、借地借家法38条に定める要件に当たるかを確認する必要があります。

(d) その他、法務DDにおいて、不動産を調査する際、その不動産が共有となっている場合、区分所有の場合など、そのリスクの調査と報告が必要になったりします。

そもそも、企業買収自体の目的が対象会社がホテルを保有しているなど不動産買収の側面が強い場合もあります。この場合、買収の意思決定に重大な影響を及ぼすため、不動産に対する調査をより詳しくするべきでしょう。

(ウ) 知的財産

近時の企業における知的財産の重要性に鑑み、中小企業の企業買収においても法務DDにおいても知的財産の確認は重要です。

知的財産については、資産としての側面のほかに、ライセンス契約の確認という側面、第三者が保有する知的財産権を対象会社が侵害しているかという側面などがありますので、ここで触れることにします。

知的財産権については、買収の意思決定に影響を及ぼすものとして、特許権、実用新案権、意匠権及び商標権の産業財産権のほか、著作権、ドメイン名の保有名義、さらには営業秘密の保護などがあります。法務ＤＤとしては、対象会社が保有する知的財産権の権利関係などの確認、知的財産権に関わる契約上のリスクの検討、対象会社による第三者が保有する知的財産権の侵害の有無、第三者による対象会社が保有する知的財産の侵害の有無、知的財産権の管理体制などが調査の対象となります。

（a）特許権、実用新案権、意匠権及び商標権といった産業財産権については、対象会社から保有する知的財産権の概要の説明をしてもらった上で、特許登録原簿謄本などを取り寄せたり、インターネット上の情報データベースサービスを利用したりして把握するようにします。特に工業所有権情報・研修館（ＩＮＰＩＴ）が提供している特許情報プラットフォーム(J-PlatPat)は有用で、インターネットで無料で利用できる国内最大級の技術情報データベースですので、利用してみてください。

特許権、実用新案権、意匠権及び商標権などの産業財産権は、登録によって権利が発生し、相続や合併などの一般承継を除いて登録によって移転の効力が発生しますので、登録原簿の確認が重要です。これにより、質権や使用権などが設定されていることを発見することができる場合があります。

出願中の権利については、拒絶理由通知がなされているか、拒絶査定がされていないか、特許については審査請求がなされているかなども確認する必要があります。

企業が情報開示を避けるために登録しないことが多いため専用実施権が設定されることは少なく、特許権、実用新案権、意匠権の通常実施権については、平成23年特許法改正などにより、当然対抗制度が導入されていますので、登録の有無にかかわらず、開示された契約書などによって通常実施権を有する第三者がいないかどうかを確認する必要があります。

特許権、実用新案権、意匠権及び商標権などについては、権利の成立時に遡ってはじめから権利自体が無効となったり、取り消されたりする場合があります。特許庁審判部のデータによれば、特許、実用新案の無効審判における無効審決の割合は、２００９年では40％を超えておりましたが、２０１９年では17％程度になりました。無効審判により特許などが無効とされる割合が減少しているとはいえ、取引実行後に、特許などが無効とされる可能性が相当程度あることを頭に入れておかなければなりません。

ただし、個々の産業財産権の無効リスクを検討することは容易ではなく、無効審判が係属しているなど特に必要性が高い場合を除いて、法務ＤＤの検討からは外すことになります。

（ｂ）著作権については、対象会社が保有しているかどうかの確認は容易ではありません。著作権についても登録制度がありますが、創作すれば登録しなくても権利が発生するもので、登録制度が利用されていないのが現状だからです。

Copyright、Ⓒなどの著作者表示の運用を参考にして対象会社が創作したものかどうかを確認したりします。また、外部の第三者が創作に関与している場合、その程度、第三者と締結した契約内容の確認をしたりします。社内で創作したものについては、職務著作の要件を満たしているかどうかを確認したりします。

（ｃ）ドメイン名については、ｗｈｏｉｓデータベース（https://whois.jprs.jp/など）を利用することで、ドメイン名の登録者名、最新更新日時、有効期限、連絡窓口などを確認することができます。

なお、ＪＰＮＩＣのホームページによれば、万が一、ドメイン名の有効期限が切れたからといって、他者がそのドメイン名で再登録することができるわけではありません。有効期限後にレジストラによる45日間の自動更新猶予期間、レジストラによるドメイン名削除後の30日間の請戻猶予期間、５日間の削除保留期間を経て、他者による再登録ができるようになります。

もっとも、予期せず対象会社が保有していたドメイン名のＳＥＯの効果が失われることは、中小企業にとって重大な損失となりますので、ドメイン名登録情報の確認は重要です。弁護士も、見逃さないで済むよう十分な知識を有しておくことが必要になります。

（ｄ）知的財産権に関わる契約上のリスクの検討については、一般的な契約条項とおおむね重なりますので、ここでは特有の部分についてのみ説明したいと思います。

まず、保有する権利を第三者に利用させるライセンス契約は、複数人に同時にライセンスすることができるため、独占的な許諾なのか、非独占的な許諾なのかを確認する必要があります。例えば、特許権については、特許庁の原簿に登録することによって発生する専用実施権、特許権者は同一の発明などについて複数の実施権を他人に重複して認める非独占的通常実施権、当該実施権者にしか実施権を認めないことを契約などで定めた独占的通常実施権があります。

また、権利の一部分を許諾の対象にすることができるため、許諾された権利の特定をする必要があります。生産および譲渡などに限定したり、地理的範囲を限定したり、製品分野による限定をしたりします。サブライセンスや下請けが許されているかなども確認する必要があります。

さらに、対象会社が売主の子会社であるがためにライセンスを受けていた場合、株式譲渡による取引実行により、その地位を失い、ライセンスされていた技術を利用できなくなってしまうことがあったり、一定割合以上の株式の取得などによりライセンス契約の内容に変更をもたらす条件が付与されている場合もあるため、注意が必要になります。

その他、ライセンス契約については、改良、改変などが許されているか、権利の存続期間より長い契約期間が設定されていないか、過度な表明保証がなされていないか、売上高に対して実施料率を設定し、それらを掛け合わせた値をロイヤルティとするランニング・ロイヤルティ方式における帳簿作成、監査義務の有無およびそれらが過度な負担となっていないかなどを確認していくことになります。

また、知的財産権の譲渡契約は、一般承継を除いて登録が権利移転の効力発生要件となっていますので、契約において登録についての義務が定められているかどうかを確認することになります。なお、著作権については、著作物に変更を加えたりすることができる翻案権（著作権法27条）や二次的著作権（同28条）については、譲渡の目的として特掲されていないときは譲渡人に留保されたものと推定されること、著作者人格権が一身専属的権利であり譲渡ができないため、権利不行使特約がついているかを確認する必要があることに注意が必要です。

（e）中小企業の企業買収において、コンピューターシステムに関連する契約の取扱いが問題となることがありますので、簡単に触れたいと思います。

コンピューターシステムに関連する契約の中には、保守契約やライセンス契約ではなく、業務サービスの維持を目的とする契約などが締結されている場合、重大な問題が生じたときの責任追及や委託先の変更の手続について定めてあるかどうかの確認が必要になります。現実的に委託先を変更することができなければ、事業に重大な損失を被るおそれがあるため、変更が可能かどうかも確認しておくとよいでしょう。例えば、対象会社が第三者に開発委託したコンピューターシステムの著作権の譲渡を受けていたとしても、ソースコードやドキュメントなどの資料がない限り、委託先が倒産した場合や委託先を変更したい場合、プログラミングを修正することができないという事態が生じるおそれがあります。

また、外部の第三者に開発を委託したコンピューターシステムにOSS（オープンソースソフトウェア）が混入していないかどうかも確認したいところです。OSSは、一定の条件を遵守する限りソフトウェアを使ってよいという趣旨で一般に提供しているものであり、その利用方法は利用者の完全な自由に委ねられているわけではないため、条件に違反した場合、債務不履行責任や著作権侵害責任を追及されるおそれがあります。そのため、対象会社が第三者に開発委託をしたコンピューターシステムがOSSを利用している場合には、利用に関する制約内容を確認しなければなりません。

コンピューターシステムは、中小企業の企業活動の前提をなしている重要なものであり、取引実行後も安定的に稼働することができることは重要です。これは、直接的には法務DDで確認するべき事項ではないようにも思われますが、ビジネスDD、ITDDなどを別途行わない中小企業の企業買収におけるＤＤにおいては、できる限り、法務ＤＤにおいて検討することが望ましいと思います。

（ｆ）対象会社による第三者が保有する知的財産権の侵害の有無については、訴訟提起されていて訴訟係属中の場合、第三者から警告文などを受領している場合などを除き、法務ＤＤで確認することは容易ではありません。もっとも、市販ソフトウェアの不正コピーなどが疑われる場合には、ライセンス料の支払状況と対象会社でソフトウェアを使用している従業員の数を比べるなどしたり、ソフトウェア・ライセンスの管理状況や管理体制を分析したりして、不正の発見に努めるべきです。

また、第三者による対象会社が保有する知的財産の侵害の有無を法務ＤＤで発見することはできません。第三者による対象会社が保有する知的財産の侵害を主張している場合には、対象会社が、その内容を分析することができる場合もあります。

（ｇ）知的財産権の管理体制などについては、人員、コンピューターシステムが企業規模に応じて適切になされているかどうかを確認する必要があります。また、詳しい説明は割愛しますが、職務発明については、十分な検討が必要です。職務発明規程が定められているか、定められている場合には、その内容については確認する必要があります。

10年以上も前の話にはなりますが、平成16年の青色LED職務発明事件の第1審判決では、裁判所は、企業に対して604億円という支払義務を命じました（控訴審では、大幅に減額した和解勧告に元づき和解が成立しています）。

特許法35条の改正などにより、企業が職名発明で負うリスクが沈静化してきたとはいわれておりますが、依然としてリスクを軽視すべきではなく、対象企業が、化学工業、電気機械器具製造業などのように、一般的に発明が多くされる会社については、特に注意を払うべきでしょう。

（エ）その他の財産

法務DDにおいて、検討するべきその他の財産としては、機械設備、什器備品などの動産、売掛金、建設協力金、敷金などの流動資産があります。機械設備などを営業目的で使用している場合、取引後に継続的に使用をすることを妨げる事由がないかを確認しなければなりません。ただし、動産の数は膨大であるため、確認の対象は優先度の高いものに制限する必要があります。

営業目的で使用している什器備品、機械設備について、リース、割賦販売などを利用している場合、契約書の内容を確認する必要があります。期限の利益喪失事由、使用に関する制限などを確認する必要があります。重要な株主の変更が契約の解除事由になっているなどもあります。

貸付金があれば、証書、担保の有無、利息、返済条項などを確認したりする必要がありますが、貸金業法上の貸金業登録が問題となる場合もあります。

（オ）負債

（a）法務ＤＤにおいて負債を確認することにより、資金調達の概要を把握し、ファイナンスに関わる法律上の問題を把握することができることになります。

融資、保証または担保に関する取決めの確認、未償還の社債の確認、ファイナンス・リース、セール・アンド・リースバック、割賦購入などの債務などの確認をします。これらのファイナンス取引の確認は、対象会社の財務状況の把握に直接的に関わるものであって、買主が企業買収をする意思決定に重大な影響を及ぼすものであるため、法務ＤＤにおいて、慎重なる調査、検討が必要です。

銀行から融資を受ける場合、取引約定書と貸付証書などの個別の証書があることが多く、両方の資料の開示を受けたり、社債については、社債要項、社債原簿などの開示を受けて、債権者、元本、利息、返済方法、返済期限、担保の有無、資金調達目的などを確認していきます。

（b）対象会社が事業を継続する上で、資金繰り上の問題が生じていないか、例えば、借入れについて、どのような場合に期限の利益を喪失することになるのか、期限の利益の喪失をする蓋然性などを検討します。借入れに伴って提供されている担保、保証の有無、そして担保として提供された物件に加えられた担保契約上の利用の制限などを確認します。株主構成の変更があったときなどのCoC条項が期限の利益喪失事由とされている場合や、他の契約における債務不履行が当該借入れの期限の利益喪失事由とされている場合もありますので注意が必要です。

また、ファイナンス契約の内容を確認し、株式譲渡の取引を実行する前に、債権者の承諾を得なければならないなど、取引実行に必要な手続きの有無を確認します。

さらに、対象会社が第三者の借入れ債務を保証していたり、債権者に対して一切迷惑をかけないなどの保証の意思表示をしている可能性がある経営指導念書が作成されていたりするなど、財務諸表には債務として記載されていないが、将来、一定の事由により顕在化するような潜在債務についても確認する必要があります。なお、第三者の債務についての保証については、貸借対照表上の注記という問題があって損失引当金の検討もしなければならないため、財務DDを担当している会計士に情報提供をします。

(c)負債、資金調達の概要を確認することは、取引実行後の対象会社の運営において重要な資料になりますが、借入総額、残高などは、財務DDで確認すべき事項でもありますので、借入れの数が多い場合、法務DDでは対象外にするのも1つです。

す。

③ 契約関係（CoC条項含む）

（ア）概要

契約に関して法務ＤＤで行う目的は、取引にあたり障害となる事由はないか、対象会社が不当な義務を負っていないか、隠れた債務を負っていないか、契約内容が不法ではないかなどです。

不動産、知的財産、融資などに関する契約は、それぞれ不動産、知的財産、負債のところで検討しておりますので、それら以外のすべての契約について、説明することにします。なお、対象会社が締結した契約は、膨大な数になることが多いため、個々に締結された契約書ではなく、契約フォームをチェックしたり、契約類型ごとにチェックしたり、代金額の大きさで限定するなどして、時間的制約の中で、法務ＤＤの目的に照らして重要な契約を漏れなく検討する工夫が必要です。

また、契約関係の検討にあたっては、対象会社が属する業界固有の法律上のリスクやビジネス上のリスクがあります。業界における実務上の対応方法を知っておくことが効率的な検討に有用である場合があるため、当該業界で使用されている標準的な契約書のサンプルなどを入手しておくとよいでしょう。

（イ）契約条項の典型的な検討項目

（a）まず、対象会社が負っている義務の内容を確認し、内容が不当ではないか、取引実行後も負っている義務の履行を継続することができるかなどを確認します。

（b）また、債務不履行に関しての確認が重要です。対象会社と契約の相手方のそれぞれ、どのような状態になったら債務不履行の状態になるのかを確認し、取引にあたっての障害に該当しないかを確認します。特に、一定期間の経過により債務不履行の状態に陥ってしまうものについては注意して確認すべきでしょう。また、代替品の提供なのか、金銭賠償なのか、合意した違約金が大きすぎないかなど債務不履行になった場合において、相手方に対して負う責任が過大ではないかを確認します。債務不履行になったときに当事者が負う責任に上限が設定されるなどの場合には、その制限が合理的なものかも確認します。

（c）次に、契約期間や更新条項について確認します。更新後の契約の有効期間が記載されていない場合もありますが、この場合、種々の事情を考慮しながら、当事者の合理的な意思解釈をして有効期間を考えることになります。

（d）また、対象会社にとって不利な契約の解除事由が付されていないかなど、契約の解除事由についての確認も重要です。契約当事者の一方の意思で任意に契約を解除することができる、任意解約権が付されているかも確認します。取引にあたり障害となる可能性があるからです。

（ウ）ＣｏＣ条項

（ａ）実務上、契約の一方当事者の支配権を有する者の変動が生じるような場合に契約の解除事由としたり、契約相手に通知をしたり、事前の承諾を得るように契約条項を定めることがあり、このような契約条項をＣｏＣ条項（チェンジ・オブ・コントロール条項）といいます。

ＣｏＣ条項があるにもかかわらず、対応をしないまま取引をすることで、取引後の事業にとって重要な契約が解除されてしまうことも考えられます。したがって、法務ＤＤにおける契約の中でも、ＣｏＣ条項のチェックが最も重要といっても過言ではありません。

（ｂ）支配権の変動といっても、議決権の過半数の保有をもって支配権とされていることもあれば、20％以上の議決権の保有をもって支配権とされていることもあり、さまざまです。また、支配権の変更があった場合の効果もさまざまです。契約の解除、契約相手への通知、代金額等の変更などのように契約内容の一部の変更が規定されていることがあります。

（ｃ）次に、ＣｏＣ条項を発見した場合の対応について説明します。

契約相手への通知を要求しているときには、通知をすれば問題はありません。

他方、取引実行までに契約相手の同意の取得を要求しているときは、原則として、契約相手の同意の取得が必要になりますが、契約の規模や取引後の事業活動にとっての重要性の大小に鑑み、必ずしも同意の取得をせず取引を実行することもあります。

（エ）競業禁止条項

契約当事者が、一定の期間、所定の地域において、一定の事業活動をすることを制限したり禁止したりする契約条項を競業禁止条項といいます。

競業禁止条項があると、取引後の事業活動に支障となる可能性があるため、競業禁止条項のチェックも重要になります。

取引後の事業活動に支障となりうる競業禁止条項が発見された場合、契約内容の変更をすることを取引実行条件とすることが考えられますが、契約相手から、共同禁止条項の変更の同意を取得できないことの方が多いと思います。この場合、取引実行後に対象会社が競業禁止条項により当該事業活動を制限されることになりますので、買主の取引実行後の事業活動の計画を見直す必要があるでしょう。

（オ）その他

詳しい説明を本書ですることはできませんが、対象会社が行っている事業活動ごとに、確認しなければならない契約類型はさまざまであり、仕入契約、製品の販売契約、OEM契約、代理店契約、業務委託契約、請負契約、コンサルタント契約、フランチャイズ契約など、契約類型ごとにチェックすべきポイントがあることを指摘したいと思います。

また、独占禁止法、貸金業法、消費者保護法その他、各業界固有の問題がありますので、広い知識が必要となるでしょう。

④労務

（ア）概要

労務問題についての法務DDは、対象会社の労使関係において取引実行に障害となる状況があるかどうかを確認したり、時間外労働に伴う割増賃金の不払いについてなどの簿外債務があるかどうかを確認したり、対象会社の労務において違法な点がないかを確認したりします。

時間外労働に伴う割増賃金の不払いは、中小企業の法務DDにおける簿外債務の調査において重要なものの一つです。なお、令和3年8月に厚生労働省により公表された、「長時間労働が疑われる事業場に対する令和2年度の監督指導結果」によれば、各種情報から時間外・休日労働時間数が1カ月当たり80時間を超えていると考えられる2万4042の事業場を対象として監督指導をし、違法な時間外労働があったものが8904事業場（37・0％）、賃金不払残業があったものが1551事業場（6・5％）ということです。

本書は、株式譲渡を念頭に説明してきましたが、例えば、事業譲渡などのように対象事業に従事する従業員の転籍が必要となる取引においては、転籍への同意の取得ができるのかが重要になってきます。労使関係が円満か、労働組合に所属する従業員がいる場合の労働組合とその従業員との関係がどうなっているかなど確認します。

対象会社に労働法上の法令違反があった場合、法令違反の是正を取引実行条件として取引に先立ち対応してもらう場合もありますし、買収金額に影響することもあります。また、取引条件には影響しないような労働法上の法令違反であっても、取引に先立ち、是正すべき問題点を明らかにすることは有用です。

（イ）調査方法

取引実行に障害となる状況、簿外債務の発見のためには、不当労働行為、対象会社に申し立てられた苦情などのリスト、従業員や労働組合との間の訴訟、これから訴訟に発展しそうな案件の記録、労働基準監督署から受領した資料、労働組合の歴史、現状、組合員の人数などに関する説明書などを中心に確認することになります。ただし、これらだけでは、労務の問題点が発見されないことが多いため、インタビューに向けた事前確認という位置づけで考えるとよいでしょう。

その他、確認した方がよい資料としては、従業員の構成が分かる資料、就業規則、定型の労働条件通知書、雇用契約書、労使協定、給与・ボーナス・退職金・年金に関する資料、雇用関連保険に関する資料、昇進・異動・配置転換・出向に関する資料などがあります。ただし、法務DDに割くことができる時間は限られていますので、請求する資料を制限することも重要です。

労務関係の問題点は、書類のみでは発見できないことが多いため、インタビューが重要になります。労働組合や労使関係の紛争について、回答しにくいこともあるので、率直に話をしてもらうような配慮が必要です。

また、対象会社において、実際には就業規則などの規程と異なる運用がなされていることも少なくないのですが、この点も回答しにくいという事情があります。時間外労働、休日労働、偽装請負などについては、突っ込んだ質問をする必要があるときもあります。

（ウ）時間外労働・休日労働の割増賃金など

簿外債務としては、時間外労働・休日労働の割増賃金の未払いのほかにも、労災における損害賠償債務、使用者責任による損害賠償債務などがあります。

訴訟などになっていて紛争が顕在化している場合もありますが、多くの場合は、顕在化しておらず、その金額も多額になることが多いのが特徴です。

しかも、時間外労働による割増賃金は、これまで消滅時効期間が2年でしたが、労働基準法の改正により、2020年4月1日以後に賃金支払日が到来する賃金請求権について当分の間3年に変更され、いずれは、5年に延長されます。したがって、潜在的な未払いの割増賃金の金額がより多額になる可能性が高く、法務DDにおける重要な検討項目の一つということになります。

ちなみに、簡単に時間外労働、休日労働について説明しますと、労働基準法上、労働者を1日8時間、1週間40時間以上労働させてはならず、毎週1回、4週間に4日以上の休日を与えなければならないとされていますが業務業態によっては、この規定通りでは業務が成り立たない場合もありますので、労使間で、36協定を締結して労働基準監督署に届け出ることによって、これらの超過した時間を労働させることや、休日を与えずに労働させることができるようにしています。詳細な説明は割愛します。

時間外労働については、25％の割増賃金を、休日労働については、35％の割増賃金を支払うことが求められるなどとされています。

時間外労働の割増賃金の未払いなどの簿外債務については、取引の買主が売主に対して簿外債務が存在しない旨の表明保証を行い、表明保証違反は損失補償の対象にするよう定めたり、買収金額で調整をするという対応があります。

（エ）整理解雇など

取引に伴いリストラが行われることがありますが、人員を削減するために行う、整理解雇については、解雇権濫用法理のもとで、実務上、次の要件を満たす必要があるとされております。すなわち、（ア）人員削減の必要性（人員削減措置の実施が不況、経営不振などによる企業経営上の十分な必要性に基づいていること）、（イ）解雇回避の努力（配置転換、希望退職者の募集など他の手段によって解雇回避のために努力したこと）、（ウ）人選の合理性（整理解雇の対象者を決める基準が客観的、合理的で運用も公正であること）、（エ）解雇手続の妥当性（労働組合または従業員に対して解雇の必要性とその時期、規模・方法について納得を得るために説明を行うこと）の４要件です。

取引に伴いリストラが行われている場合、どの程度、手続きが進んでいるかを確認したり、整理解雇の有効性について検討する必要があります。

一定の人数の人員削減を取引実行条件にすることは困難な場合も少なくありません。取引後に整理解雇が無効であるとして解雇された従業員から訴訟が提起されることなどがありますが、損失補償の対象とするという対応の仕方も考えられます。

⑤許認可・コンプライアンス

（ア）概要

許認可・コンプライアンスについての法務DDとしては、取引を実行する上で障害となるような許認可違反、コンプライアンス違反を確認したり、法令遵守違反などに伴い負担する隠れた債務を確認したり、取引実行に伴い許認可に関して必要な手続きを確認したりします。

対象会社が事業活動を行うのに必要な許認可をすべて取得しているかどうか、法令遵守違反がないか、対象会社のコンプライアンス体制を確認します。

対象会社が工場を運営していて、対象会社が保有する土地が土壌汚染を引き起こしているおそれがあるときには、場合によっては、環境コンサルタントに依頼して環境DDをお願いしなければならないこともあります。

対象会社のコンプライアンスを検討するにあたっては、建物の耐震強度の偽装問題や食品の偽造表示の問題など、対象会社が属する業界固有のコンプライアンス上の問題点を事前に広く把握しておくことは有用です。

（イ）調査方法

許認可違反、法令遵守違反といっても、業務停止命令が出されるなど事業活動に重大な障害となるものもあれば、事実上の是正を促される程度で事業活動には影響しないものもあります。

法務ＤＤにおいて、限られた時間の中で調査するのは、事業活動、財務状態に重大な影響を及ぼすものに制限しなければならない場合も少なくありません。

対象会社の事業活動に必要な許認可をすべてリストアップした上で、対象会社が実際に取得しているかどうか、官公庁の発行した許可証などで確認するのがよいとは思いますが、現実的にリストアップが困難な場合もあります。そのような場合、対象会社に取得している許認可をリストアップしてもらい、対象会社に質問をしたりしながら、許認可の漏れを発見したり、事業活動への影響の大きさを検討していくことも考えられます。

（ウ）許認可などの確認を要する業種

（ａ）中小企業の企業買収をするにあたって、法務ＤＤにおいて許認可などの確認を要する代表的な業種としては、建築業で必要とされる建設業許可、電気工事業登録、買い取った古物を売るなどの場合に必要とされる古物営業許可、ホテルの運営に必要とされる旅館業許可、不動産業に必要とされる宅地建物取引業免許、飲食店の営業に必要とされる飲食業許可、職業紹介業に必要とされる有料職業紹介事業許可、廃棄物処理業に必要とされる一般廃棄物処理業許可や産業廃棄物処理業許可、労働者派遣業に必要とされる労働者派遣事業などがあります。

（ｂ）なお、廃棄物処理法に基づく委託基準の遵守については、十分に確認が必要です。

廃棄物の処理を第三者に委託しても、廃棄物処理法の定める処理委託基準に違反する形で産業廃棄物の処理を委託し、委託先の業者が不法投棄した場合、その除去について責任を問われるリスクがあります。

（c）また、個人情報保護法により個人情報の利用が制限されていて、個人情報保護委員会による指導、助言を受けたり、是正などの必要な措置を取るべき勧告をされたり、措置命令を受けたり、措置命令に違反をすると刑事責任を負うことになったりします。

令和4年4月1日より全面施行された、令和2年改正個人情報保護法により、違反に対する罰則の引き上げ、Cookie情報のように提供先で個人データとなるような個人関連情報について、データ提供において本人の同意が得られていることなどの確認を義務付けるなどとされました。また、デジタル社会形成整備法による令和3年改正個人情報保護法により、個人情報保護法、行政機関個人情報保護法、独立行政法人など個人情報保護法の三つの法律を個人情報保護法に統合することになり、対象会社が対応をしているかなど十分な検討が必要になっています。

（d）法令遵守違反などにより対象会社がその事業活動を継続することが困難であることが判明した場合、その問題が解消されることを取引実行条件としたり、予想される損害額を補償の対象としたり、買収金額で調整するなどの方法を取ることが考えられます。

辻本恵太（つじもと　けいた）

オレンジ法律事務所　代表弁護士
テトラベンダー株式会社　代表取締役ほか

自己紹介

慶應義塾大学環境情報学部卒。学生時代は、数学とシステムプログラミングに明け暮れる。

飯田・栗宇・特許法律事務所（現はる総合法律事務所）にて、特許等の知的財産にかかる裁判、その他企業間の多くの係争に関わる。

2012年、埼玉の大宮にてオレンジ法律事務所を設立する。企業法務を中心に多数の顧問企業に対して法務サービスを提供する。

特にM＆Aを巡る複数の裁判の実体験から、紛争には回避することのできるものがあることを知り、紛争予防の重要性を肌で感じる。

オレンジ法律事務所は「埼玉の中小企業に勇気と感動を与え、未来をデザインする」をモットーに、日々、数学的思考を駆使し、独創的なアイデアをひねり出しながら、埼玉の中小企業の課題に取り組み続けている。

なお、おしゃべりすること、音楽を創ること、絵やイラストを描くことが好きで、弁護士業の合間を見ては、創作活動をして自己満足に浸る。

また、厳しい仕事であっても、ユーモアを忘れない。忘れたくないと思っている。

連絡先

TEL 048-782-5757　　Mail ktsujimoto@orangelaw.jp

第五章

人材

細谷一樹

1　はじめに

はじめまして、FAITH inc.の細谷と申します。普段は、埼玉県を中心に中小企業がなかなか着手できない採用まわり全般のブランディングやアウトソーシングを行なっています。これまで何千社もの企業の採用成功に携わり、事業継承に伴う後継者採用にも取り組んできました。この章では、採用という切り口で事業継承について論じていきます。普段、私が中小企業の経営者の方々とお話しする中で培った知見やソリューションを共有することで、少しでも読者のみなさまのヒントになれば幸いです。まず、前提として中小企業の後継者問題について、データを交えて見ていきましょう。

日本企業の99・7％を占める中小企業は、地域の経済や雇用を支える上で欠かせない存在です。しかし、近年は後継者問題により黒字廃業を選択する中小企業が年々増加中。日本政策金融公庫の調査では、60歳以上の中小企業経営者のうち、5割以上が廃業を予定しているという結果が出ていますが、そのうちの「後継者難」による廃業は約3割にも登るそうです。

次に、埼玉県を見てみましょう。株式会社帝国バンクが発行する『埼玉県企業「後継者不在率」動向調査』（2020年、2022年）によると、埼玉県企業の後継者不在率は61・9％、

【図１】

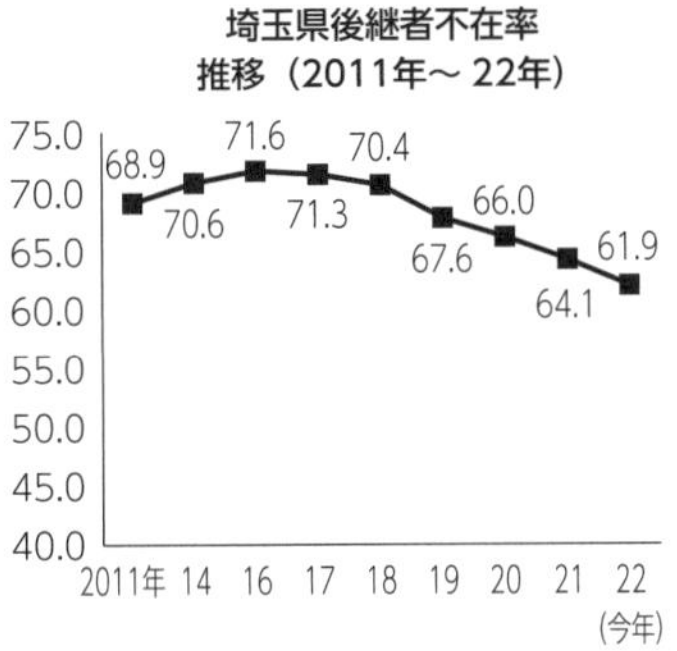

【表１】

■社長年代別推移

	年別					
	埼玉県			参考：全国		
年代別	2021	2022	増減比	2021	2022	増減比
30歳未満	90.3	82.8	△7.5	91.2	89.3	△1.9
30代	90.7	88.5	△2.2	89.1	86.6	△2.8
40代	83.8	82.6	△1.2	83.2	79.3	△3.9
50代	70.8	68.6	△2.2	70.2	65.7	△4.5
60代	51.6	48.2	△3.4	47.4	42.6	△4.8
70代	38.8	35.2	△3.6	37.0	33.1	△3.9
80歳以上	35.0	34.0	△1.0	29.4	26.7	△2.7
平均	64.1	61.9	△2.2	61.5	57.2	△4.3

【表２】

■地域別　推移

	年別						
地域別	2011	2014	2016	2017	2018	2019	2020
北海道	71.8	**72.8**	**74.0**	74.0	73.5	72.9	72.4
東北	65.3	65.0	64.0	**64.6**	**64.8**	**65.3**	65.2
関東	67.9	66.3	**67.4**	**68.1**	67.8	65.9	65.2
北陸	56.4	**56.8**	55.7	**57.1**	**58.2**	57.4	**57.7**
中部	65.6	65.6	**66.5**	**67.3**	65.9	64.1	**64.4**
近畿	68.6	**68.7**	68.7	67.9	**68.2**	66.6	66.3
中国	71.3	**71.5**	71.1	70.6	70.4	**70.6**	**70.8**
四国	49.0	48.7	**50.7**	**52.2**	**52.8**	**54.5**	**55.5**
九州	57.7	57.7	**59.9**	**60.7**	**61.2**	**62.2**	**62.7**

［注］太字は前年比上昇を示す。2014年・16年はそれぞれ対11年、14年の比較

株式会社帝国データバンク「特別企画：埼玉県企業「後継者不在率」動向調査」(2020年、2022年)

【図2】

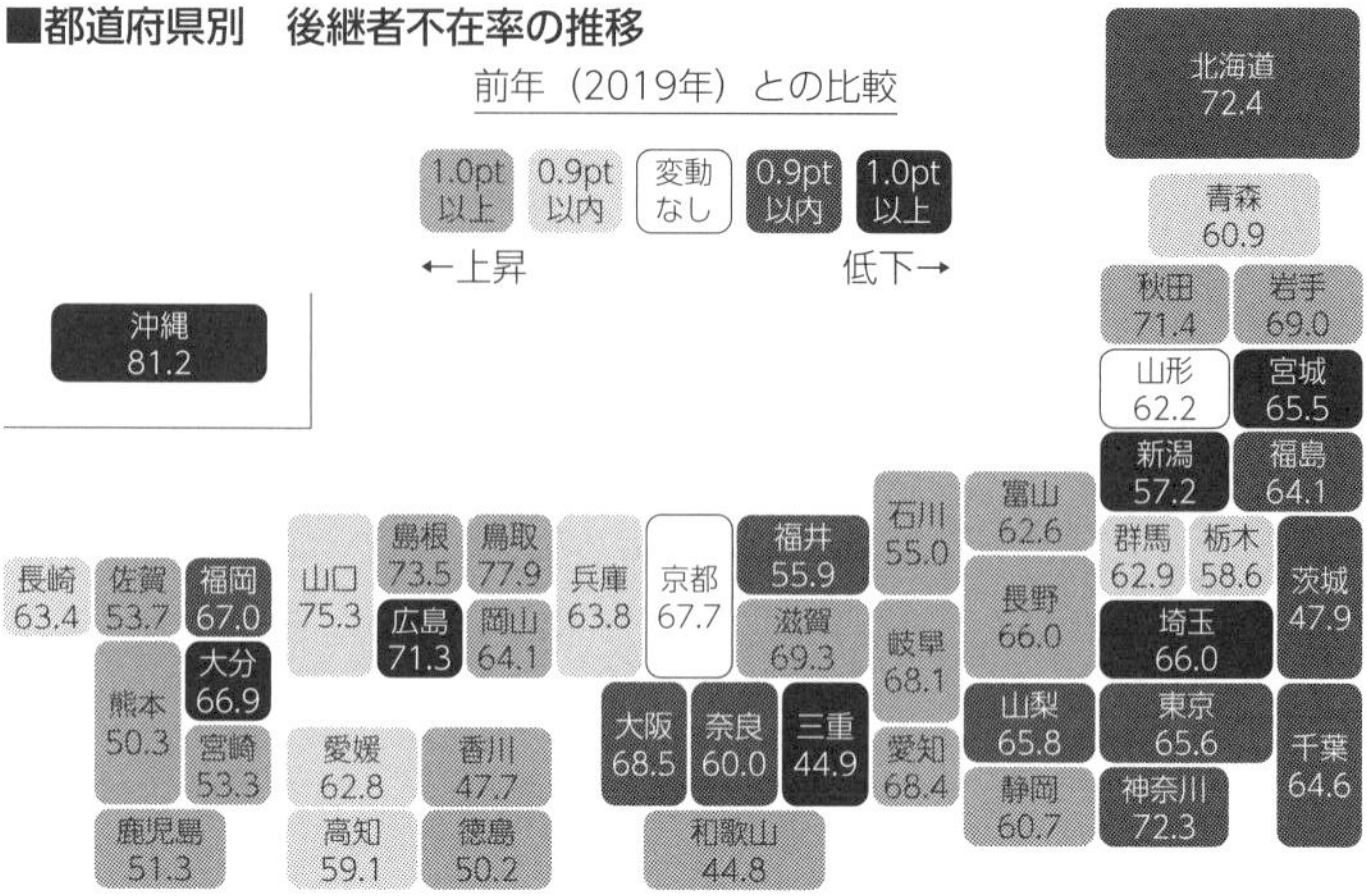

株式会社帝国データバンク「特別企画：埼玉県企業「後継者不在率」動向調査」(2020年)

3社に2社が後継者不在ということがわかりました。不在率は全国11位という結果が出ています。

次に経営者の年代別に、後継者不在率の推移を見ていきましょう。2022年は若い世代にあたる「30歳未満」「30代」「40代」はいずれも80％台となっています。定年退職・引退まではまだまだ時間があるので、妥当な結果と言えるでしょう。

一方で、世代交代が見えてくる「50代」が68・6％、「60代」が48・2％、「70代」が35・2％、「80歳以上」が34・0％と、世代が上がるにつれ不在率が減少しています。コロナ前の2019年の後継者不在率67・6％と比べると5・7ポイント減となり、6年連続で不在率は低下しています。

また、2021年と比べると、目立つとこ

ろでは「30歳未満」で7・5ポイント減となったほか、すべての年代で不在率は減少、改善しつつあります。平均では2・2ポイント減少。不在率は61・9%となりました。全国も世代が上がるにつれて不在率が減少したほか、すべての年代で前年比減少となりました。全国の不在率平均は57・2%となり、埼玉県を4・7ポイント下回っています。

以上のことから、埼玉県企業の「後継者問題」は少しずつ改善しつつありますが、解決までの道のりはまだまだ遠いと言えるでしょう。

事業承継は後継者候補の選定から育成、就任に至るまで中長期間を要し、なおかつリスタートが難しく、事前の計画性や慎重性が最も重要となるが、時間や経営体力に余力がない中小企業ほど事業承継が難しい点に変わりはありません。そのため、企業自ら後継人材を育成、採用する自助努力をサポートする、国や自治体による公的支援などの働きかけが継続されれば、企業の後継者不在率は今後も改善傾向に向かう可能性が高いと考えられます。

他方で、帝国データバンクが集計している全国の「後継者難倒産」は増勢傾向で推移。代表の病気・死去をきっかけに事業を断念する従来型のケースに加え、近年は事前に後継候補選定などの計画を進めていたにも拘わらず、営業力や財務内容、事業将来性の弱さなどから思惑通りの支援が受けられず、事業承継が間に合わなかった「息切れ型」の後継者難倒産も目立っています。

【図3】　完全失業率・有効求人倍率の推移

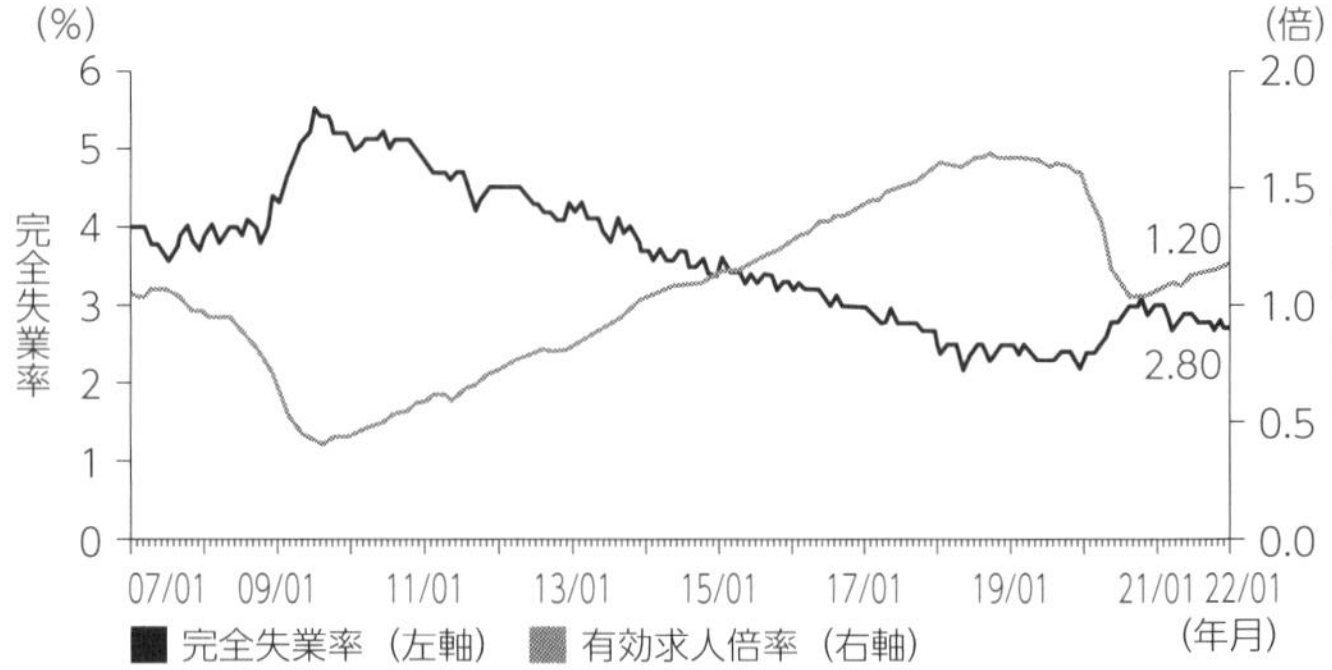

資料：総務省「労働力調査」、厚生労働省「職業安定業務統計」
（注）季節調整値。

中小企業の再編を促す構えを見せるほか、中小企業の経営に伴走・支援する側の地域金融機関も再編が進むなど、中小企業の支援サイドにも環境変化の兆しがあります。今後は、ビジネスモデルや事業の将来性が見込める企業へ支援のリソースを集中させるなど、事業承継支援の〝在り方＝「質」〟の変化にも着目して動向を見る必要があります。

2　雇用の動向

雇用情勢を示す代表的な指標として、完全失業率と有効求人倍率の推移について確認します（図3）。完全失業率は、２００９年中頃をピークに長期的に低下傾向で推移してきましたが、２０２０年に入ると上昇傾向に転

【図4】 従業員・休業者の推移

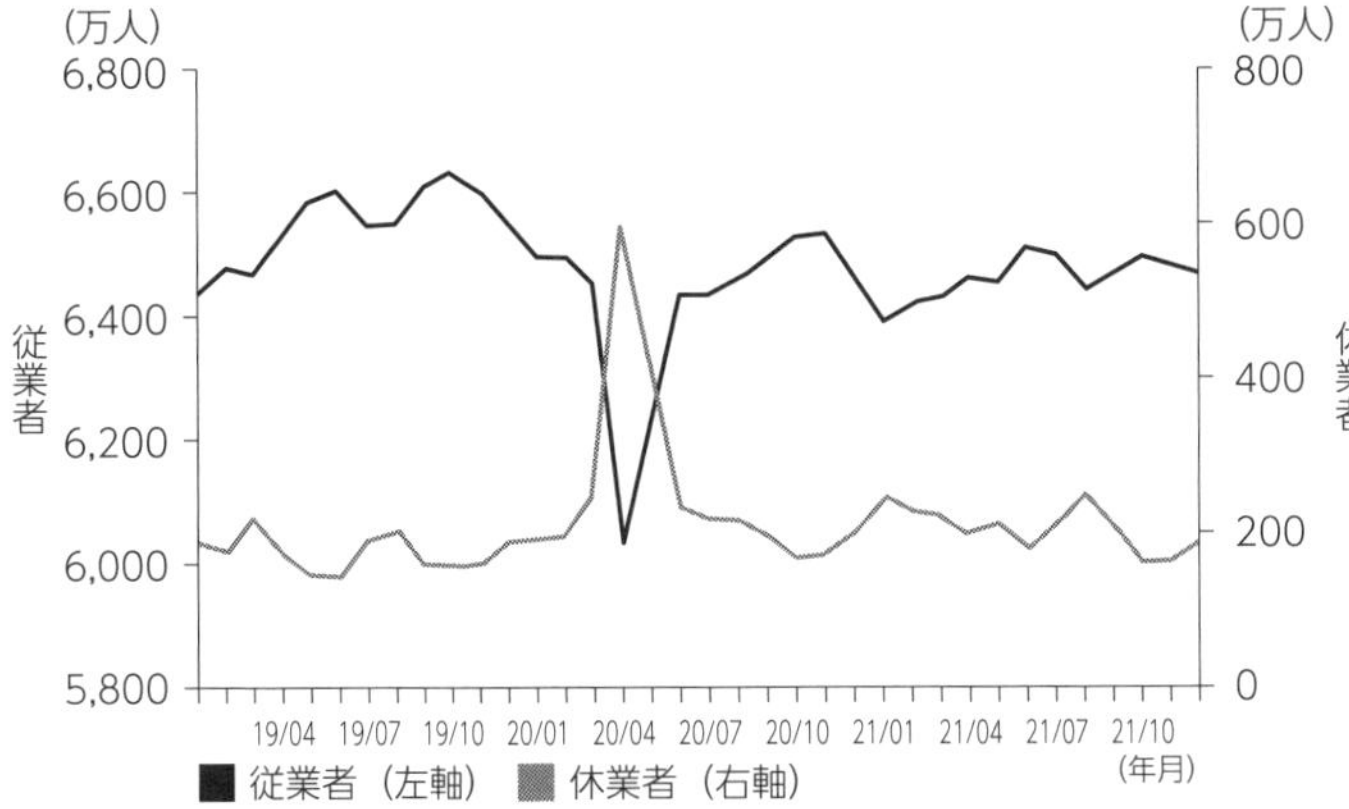

資料：総務省「労働力調査」
（注）2015年国勢調査結果に基づく推計人口をベンチマークとして遡及または補正した時系列接続用数値を用いている。

じ、その後は再び低下傾向で推移しています。また、有効求人倍率も２０２０年に入り、大きく低下したものの、再び緩やかな上昇傾向となっています。

続いて、従業者と休業者の動きについて確認します（図４）。感染症の拡大を受けて第１回緊急事態宣言が発令された２０２０年４月に休業者数と従業者数で大きな変動がありましたが２０２１年に入ると、月によって増減を繰り返しながら推移し、足元では従業者が減少傾向、休業者が増加傾向となっています。

総務省統計局は、２０２１年11月に「令和２年国勢調査」において人口基本集計結果を公表しました。公表結果では、我が国の人口を男女別や都道府県別などの属性別に集計し

【図5】 国勢調査に基づく最新の人口状況

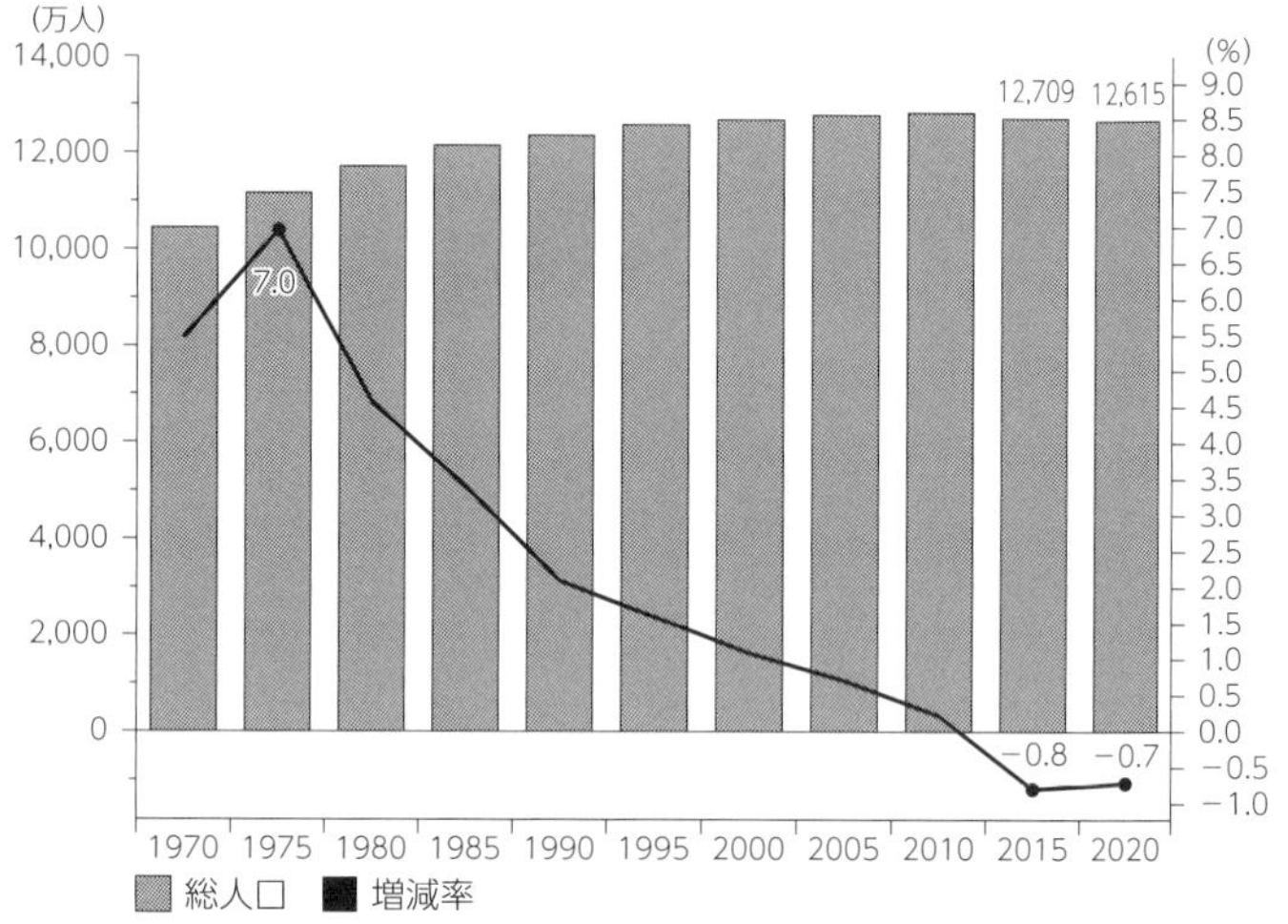

資料：総務省「令和2年国勢調査」

た人口の確定値が示されています。我が国の人口は1億2614万6千人（変更）であり、2015年と比較し、94万9千人減少している結果となっており、人口増減率は、第2次ベビーブームにより、1970〜1975年に7・0%を記録して以降は増加幅が縮小し、2010〜2015年には、1970年以降、初めての人口減少となっています。2015〜2020年も引き続き人口減少となっていますが、減少幅はやや縮小しています。

また、年齢3区分別の人口の割合を見てみると、2020年における生産年齢人口（15歳〜64歳）の割合は、1970年以降初めて60%を下回りました。過去の中小企業白書においても当時の人口動態を紹介し

【図6】　最新の年齢３区分別人口

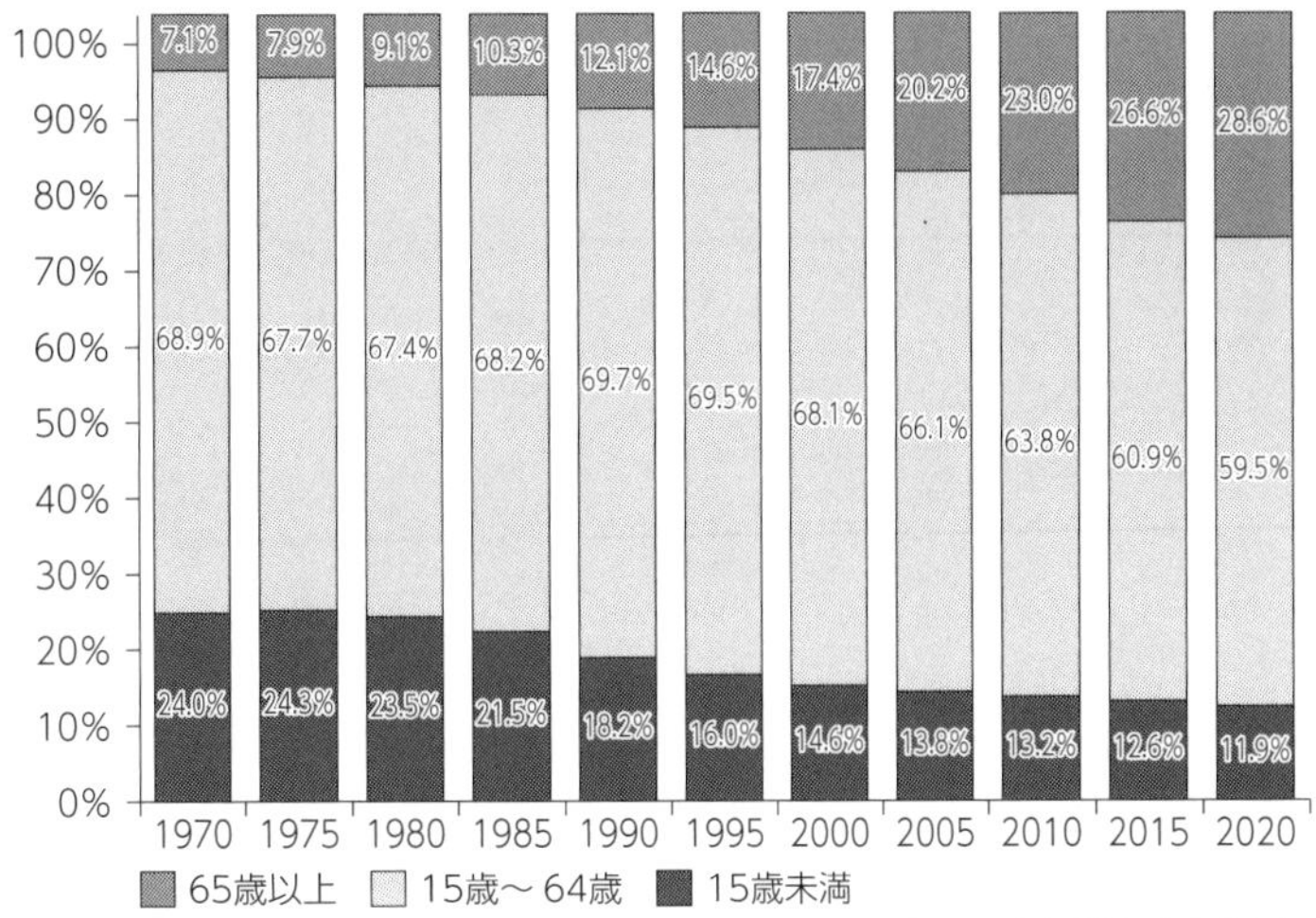

資料：総務省「令和2年国勢調査」

た上で、生産年齢人口の変化が中小企業の人手不足感の高まりが起こる構造的な背景として指摘してきたが、改めて足元においても生産年齢人口の割合が低下している趨《すう》勢《せい》が続いていることが確認できる。また年少人口（15歳未満）の割合は調査開始後、過去最低を更新する一方で、老年人口（65歳以上）の割合は1970年以降、過去最高を更新している状況にもあり、生産年齢人口が減少する傾向は将来にわたって継続することが見込まれています。

3　人的資本への投資と組織の柔軟性

「ヒト、モノ、カネ、情報、時間、知的財

【図7】 各経路別の求人数

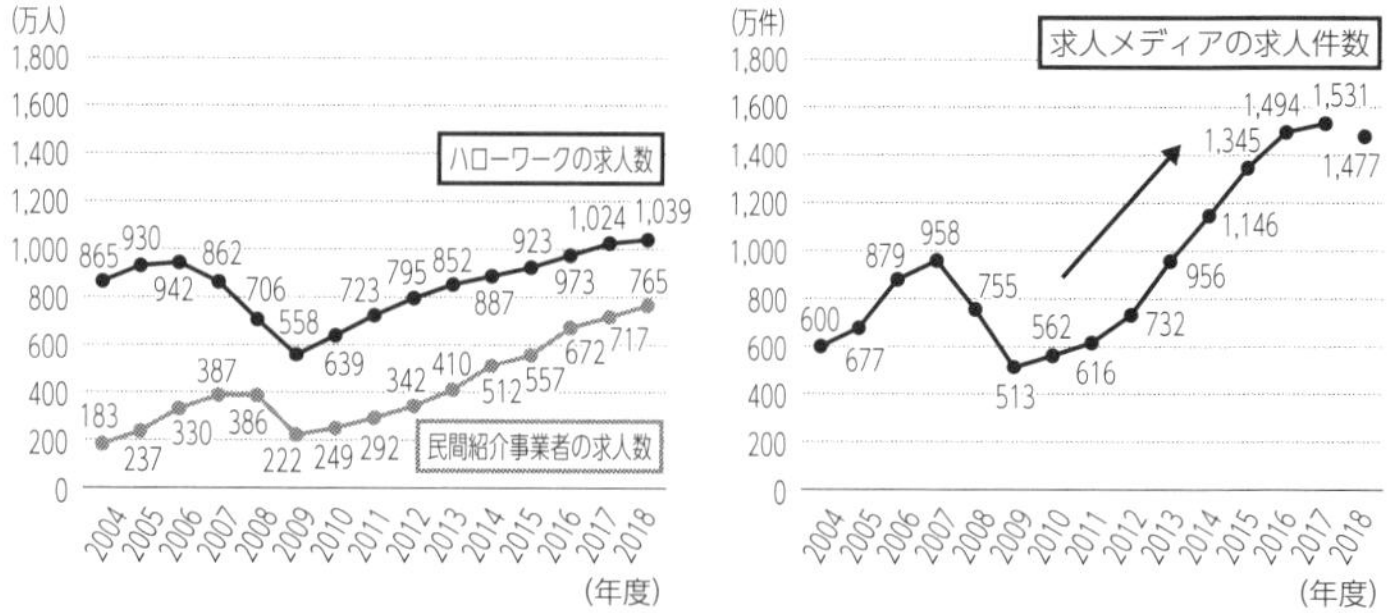

(出所) 厚生労働省「職業安定業務統計」「職業紹介事業報告書」、全国求人情報協会「求人広告掲載件数等集計結果」

(注1) ハローワークの求人数は常用新規求人数の各月合計、職業紹介事業者の求人数は各年度における常用求人数、求人メディアにおける求人件数は各月掲載求人件数の合計を表す。したがって、ハローワーク・民間職業紹介事業者の求人数と求人メディアの求人件数を単純に比較することはできない。

(注2) 求人メディアの求人件数は2018年度において集計方法が変更されており、2017年度以前と単純に比較することはできない。

産、ブランド」といった経営資源の中で、最も重要視されるのが「ヒト」すなわち「人的資源」です。ヒトがいてカネが動き、ヒトがいてモノがつくられ、ヒトがいて情報が集められる。企業活動に必要不可欠な最重要資源。「ヒト」「ヒトを大切にすること」が会社経営の大原則です。コロナ禍における社会変化。人事労務に関する法律や制度は複雑化。労働人口減少に伴い、生産性向上も重要視されている中、「ヒト」は、個性や感情があることや、採用した後の教育や訓練によって、そのパフォーマンスに差が出ることが特徴として挙げられます。そのため、企業は採用力の強化、従業員の能力開発、また、適切な人事施策により従業員の能力やモチベーションを高める取り組みを実施することが重要です。

【図８】　転職に関する意識調査

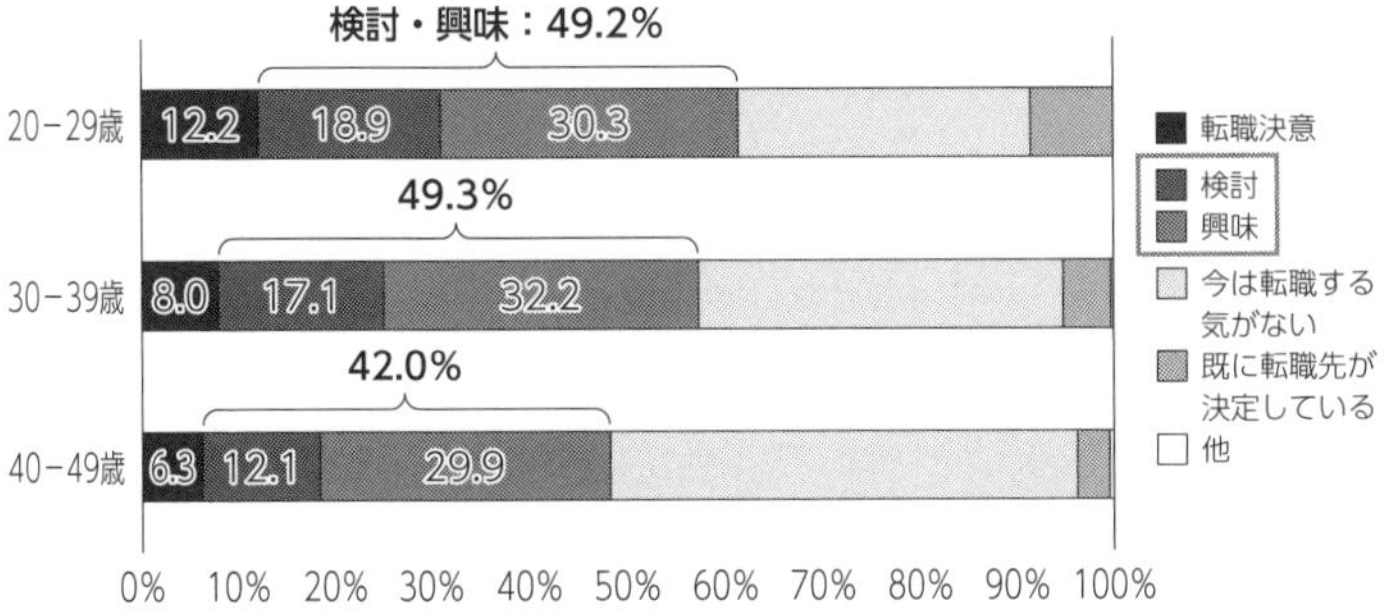

出典・調査方法：「doda」インターネット調査　集計対象数：16,107人　対象者：20 ～ 65歳の正社員・正規職員（公務員除く）　調査期間：2021年3月12日～ 3月17日

4　求人の状況

２００９年度以降、どの媒体においても求人数は増加しているものの、特に求人メディアにおける掲載求人件数の伸びが直近の10年間において大きくなっています。職種、業種にもよりますが、人材紹介や求人媒体で採用成功するのは、知名度のある有名企業・高待遇の大手企業だけです。

5　転職顕在層はより競争力が必要

20代、30代の約50％が転職に対して〝検討している〟〝興味があり、求人情報や転職にまつわる情報を調べている〟と回答。また、求人数の増加に伴い、転職決意層獲得の競争力強化、検討・興味=転職潜在層へのアプローチが必要となります。

6 変化する採用手法と手段

(1) 採用は狩猟型から農耕型へ

世の中全体が人材不足に直面している現在、採用のトレンドは狩猟型から農耕型へとシフトしてきています。特に中小企業では、採用市場にいる求職者の獲得だけを狙う狩猟型から、企業自らが種を蒔いて未来の求職者候補を長い目で育てる農耕型を選択するケースが増えてきました。後者の手法を「採用広報」と呼びます。

農耕型が増えてきた背景には、採用市場にいる限られたパイの奪い合いだけでは採用成功に至らない。採用できても人材が定着しない。そんな切実な実情があります。採用力の観点から見ると、資本力・認知度で勝る大手企業や、創業メンバーとして参画できるメリットを持つスタートアップ企業に対して、中小企業はどうしても分が悪いのが正直なところです。

中小企業にとって、採用難や人材不足は前提条件と言い切っていいでしょう。少子高齢化に伴う労働人口の減少、スタートアップ企業の台頭に伴う中小企業市場での採用競合の増加、スマートフォン・SNSの浸透によるユーザーのリテラシーの変化、そんなさまざまなファクターが複雑に絡み合い、採用市場を取り巻く逆風は今後も継続する見込みです。不特定多数に向けた求人広告や人材紹介など従来の採用手法では採用成功が非常に難しくなってきている中で、生き残っていくために注目を集めているのが「採用広報」なのです。

（2）「採用」を「広報」する時代にできること

「採用広報」とは、求人媒体のように〝顕在層＝現在の求職者だけをターゲットにした母集団形成〟ではなく、〝潜在層にまでターゲットを広げ、認知・興味を促す〟アプローチのことを指します。マーケティングでよく用いられるＡＩＤＭＡ・ＡＩＳＡＳ・ＳＩＰＳなどの購買行動モデルをベースに、消費者を求職者にアップデートしたものが「採用広報」のコアとなる考え方です。

著者の私自身が関わってきた企業の採用成功事例を振り返ると、特に中小企業の採用において広報・マーケティングで確立された潜在層へのアプローチは非常に有効です。

特に、オウンドメディアリクルーティング（Owned Media Recruiting）の強化。自社で保有しているメディア（ホームページやブログ・ＳＮＳなど、自社で保有しているメディア）を活用して自社の魅力を発信することで、自社の文化や社風に合った人材を採用していく手法になります。求職者に自社のことが分かるさまざまな情報を発信することで、「職務に必要なスキルを持ち、かつ自社の価値観に共感している人材」を採用することができるようになります。「自社の採用サイトをIndeedに掲載する」「ＳＮＳアカウントで自社の雰囲気を伝える」といったように、求人サイトや人材紹介に頼ることのない、能動的な採用手法と言えます。

自社ＷｅｂコンテンツやＳＮＳなどのデジタルメディアを積極的に活用・情報発信することで、〝検討・応募〟の前段階である〝認知・興味〟フェーズの潜在層にまでアプローチし、未来の求職者の種を蒔くことが選ばれる会社づくりの第一歩。理想を言えば人材採用が必要になる前段階より「採用広報」に取り組むことができます。

（3）ココロ動かす共感採用

ここまで「採用広報」の概要について述べてきました。ここからは具体的にどのようなコンテンツを潜在層に広報していくのかを考えていきましょう。ここでキーとなる考え方が「共感採用」です。

「共感採用」とは、求人票に記載される給与や待遇・福利厚生、仕事内容などの「ハードウェア」ではなく、経営理念やビジョン、事業の背景にある想いなど「ソフトウェア」を打ち出し、そこに対して求職者が共感するかどうかを重視して採用を行う手法です。

「共感採用」誕生の背景には、今後の事業を担うミレニアル世代（1980年から1995年の間に生まれた世代）が、「モノ」よりも「コト」を重視する価値観へとシフトしたことが挙げられます。

米デヴライ大学が発表した2011年の論文"How the Recession Shaped Millennial and Hiring Manager Attitudes about Millennials' Future Careers"によると、ミレニアル世代は仕事を選ぶ上で最も重要なポイントに「仕事が持つ社会的な意義」を挙げています。管理職世代のうち約50％もの人が「収入」を仕事選びの軸に選択したのと比べると、価値観の変化はゆるやかに、しかし確実に起こっていることが分かります。

マーケティングの世界で、世代間の価値観シフトの象徴としてよく取り上げられる事例が大ヒットを記録した「明治 ザ・チョコレート」の商品開発ストーリーです。2016年9月に発売された同商品は、他の板チョコと比べて単価が約2倍でありながら発売後半年強で300

0万個という異例のペースでヒット商品へと駆け上がりました。クラフト風のシンプルなパッケージに対して経営層からの反対の声に「あなたの年代がターゲットではないんです」と説得したエピソードは有名ですが、マーケティング戦略でも確信を持って「コト」を伝えきることに腐心した様子が窺えます。

「チョコレートの新しい楽しみ方を伝える」をコンセプトワードに、チョコレート製造の様子を公開したワークショップの開催や、チョコレートと飲み物を合わせたマリアージュ体験会など消費者が実際に学び、経験できるコンテンツづくりを展開。10年以上かけて商品開発したこだわりをストーリーにして伝えることで、ただ食べておいしい、では終わらない消費者とのエンゲージメント強化・リピートへとつながり、ミレニアル世代を中心に息の長い定番商品になりました。詳細が気になる方は明治のホームページにプロジェクトストーリーとして掲載されているので調べてみてください。

（4）伝わる言葉が共感をつくる

このように「コト」に重きを置くのがミレニアル世代の特徴です。彼ら彼女らのココロを動かして「共感採用」を成功させる鍵を握るのが、ビジネスの言語化です。目に見える「モノ」と違い、「コト」は言語化して初めて価値を持ちます。

マッキンゼー出身のジェームズ・C・コリンズと、GE出身のスタンフォード大学教授ジェリー・I・ポラスによって1994年に出版された『ビジョナリー・カンパニー』（日経BP社）は世界中のビジネスパーソンに読み継がれている古典です。3MやGE、IBM、P&G、ソニー、ディズニーといったグローバル企業がいかに経営理念を言語化して組織文化へと落とし込み、唯一無二の企業へと進化していったかが分析されている同書。みなさまも一度は読んだことがあるのではないでしょうか。

自社の創業背景や志など企業のDNAをきちんと読み解き、事業の意義や意味、競合優位性、そして組織風土や社員一人ひとりの考え方や魅力などあらゆる角度から自社の魅力を発見・認識し、言語化することは、求職者だけでなく従業員にも共感の接点が生まれます。

企業理念や経営理念を選定されている企業は多いと思いますが、ユーザーに届く言葉として翻訳・変換されることが重要です。ストーリーがココロへときちんと伝わることが、「共感採用」の足がかりとなります。

7 求職者のリテラシーの変化

(1) 全世代でデジタルシフトが加速

ここまで「採用広報」「共感採用」における企業側の採用手法、手段の変遷について考察してきました。ここからは求職者側のメディアリテラシーの変化について述べていきます。

NTTドコモモバイル社会研究所の調査によると、日本の携帯電話利用者のうちスマホユーザーの割合は2022年1月現在94%に到達しました。2010年度の同調査では全体に占めるスマホユーザーはわずか4%だったことを考えると、モバイルはこの10年で完全にデジタルシフトを果たしたと言えます。

また、博報堂DYメディアパートナーズ「メディア定点調査2022」では、日本人の年間メディア総接触時間のうちデジタルが占める割合は57・1%という結果が出ました。特筆すべきは情報収集のツールとして「携帯電話/スマホ」が、今年初めて「テレビ」の接触時間を上回ったことです。若年層ほどデジタルシフトの色合いが濃い傾向にあることを踏まえると、採用市場においてはデジタルメディアを駆使しないと、ターゲットとなる潜在層にリーチできないと言っても過言ではありません。

（2）若年層で仕事探しのスタイルも変化

一方で、デジタルシフトに呼応するかたちで若年層の仕事探しも変わりつつあります。現在、正社員領域の仕事探しにおいて一番利用されているインターネットサービスをご存知でしょうか。リクナビＮＥＸＴ、マイナビ転職、エン転職、ＤＯＤＡ、ビズリーチなど大手転職サイトを思い浮かべたみなさま、残念ながら不正解です。

答えはGoogleです。例えば、「埼玉　正社員　営業」や「大宮　扶養内　事務」というように、地域と条件、職種を入れ、その検索結果をもとに仕事を探す。これが令和における仕事探しのスタンダードと言い切れる状況になりつつあります。現に私が採用コンサルティングで携わっている中小企業の中でも、ハローワークインターネットサービスなど無料媒体経由で活躍する人材を採用できた事例が着実に増えています。

背景としては、スマホネイティブである若年層の意識と旧来の採用制度設計がずれてきていることにあるようです。具体的には、前述した大手転職サイトをスマホで利用するには、サービスごとの専用アプリの登録がほぼ必須となります。ダウンロード、インストール、個人情報登録と、媒体利用までの工数が増えると、必然的にユーザーの離脱も増えていきます。言葉を選ばずにお伝えすると「面倒臭い」のです。

デジタルシフトに対応したスピード感を体現するGoogleの検索結果に、ユーザーが集まるのは当然の流れでしょう。その結果として、いま改めて注目を浴びているのが、前述したハローワークインターネットサービスなのです。日本で最大規模の求人情報数を誇るサイトのため、当然検索結果は上位表示されます。

今やハローワークそのものに対する若年層の認識は、仕事探しの王道という地位を獲得しつつあります。少なくとも、検索エンジンのデータ上はそう断言できます。私個人の肌感覚としても同様で、若年層にとっては大手転職サイトもハローワークも同列。私たち世代が抱きがちなネガティブなイメージも持っていないため、ハローワークインターネットサービスを利用することへの抵抗感は一切ありません。

検索結果によって企業を初めて認知した求職者が、ハローワークインターネットサービスで条件面を確認してから、次にとる行動が企業名検索です。

（3）選ばれる覚悟を持つということ

企業名を検索してから応募までの導線を作る上で鍵となるのが、冒頭でご紹介した「採用広報」「共感採用」という考え方です。求職者にとって、就職や転職は人生の一大事。未来を左右する大切な決断ですから、求職者はありとあらゆる情報を集めます。

例えば、Wantedly、Engage、Indeed、Airworkなどの無料媒体。自社ホームページをはじめとするオウンドメディア、そして見逃せないのがInstagramやTikTokなどのＳＮＳ。これらのデジタルメディアで打ち出された会社のビジョンやストーリーで、求職者と「共感」を築けた企業だけが、事業承継における採用市場において勝ち組になれるのです。

もちろん有料媒体や人材紹介にもそれぞれのよさがあります。私自身、長年有料媒体を扱う求人広告営業に従事してきた中で、求人広告という採用手法の可能性はまだまだあると感じています。今後は企業のニーズによって、採用手法の棲み分けが進むのではないでしょうか。

こと、長期的なスパンで採用に取り組む必要がある中小企業の事業承継においては、無料媒体を駆使した「採用広報」「共感採用」がこれからのスタンダードになるのではないかというのが、私個人の見立てです。事業承継を担う若年層の仕事探しのスタイル、それと呼応するように採用手法は、少しずつ、しかし確実に変化しています。

では、どうすれば「採用広報」「共感採用」を導入できるのか。答えは、「選ばれる覚悟を持つ」です。精神論ではありません。現在ビジネス上で対クライアント、対エンドユーザーに向けて取り組まれているプロモーションやマーケティングと同じ熱量、いわば覚悟を持って、リーチする対象範囲を未来の求職者候補にまで広げていく。それが事業承継成功の第一歩です。

(4) 未来のはたらくをデザインする

自社のビジネスを見直し、言語化・ビジュアル化の両面で、企業に根付くＤＮＡやストーリー、志をカタチにして、一人でもファンを増やす仕掛けをつくる。今までビジネスでやられてきたことを、少し範囲を広げて、覚悟を持って伝えていく。企業としてのこうした心構えが、「採用広報」「共感採用」を成功させる上で重要だと考えています。

まだピンと来ていない方は、一度「採用広報」「共感採用」という切り口で、大手企業の採用ホームページをご覧いただければ、私が申し上げている言葉の意味をご理解いただけるはずです。そこには、企業の想いやストーリーがキャッチコピーとして、あるいは写真やイラストとして、ユーザーに届くカタチで翻訳・変換されているはずです。この手法は大手企業ではすでに常識として浸透している一方で、埼玉県など首都圏の中小企業にはまだ波及していません。まだ取り組んでいる企業が少ないからこそ、今がチャンスなのです。

「採用広報」「共感採用」に取り組みたいが、何から手をつけたらいいのか分からない。人材不足や工数、コスト面からの着手に踏み切れない。そんな場合は、ぜひ一度弊社ＦＡＩＴＨ株式会社にご相談ください。餅は餅屋、「採用広報」は「採用広報」のプロにぜひお任せください。手前味噌になりますが、事業承継でお悩みの際には、弊社を社外人事としてご活用いただくことで、解決できる課題は必ずあります。

私自身、不人気業界・採用難職種と向き合う中で確信したのは、例え一般的に不人気業界と言われる業界や人が嫌がるような職種にも、必ずその仕事を探している人がいるということ。私たちＦＡＩＴＨ株式会社は求職者と企業の共感の接点をゼロベースで設計し、「未来のはたらくをデザインする」プロチームです。

例えば、長年応募ゼロが続く産業廃棄物処理・解体業を営む企業の営業募集、採用難エリアでの幹部候補ケアマネージャー募集、急成長中の地域密着ハウスメーカーのプロパーを担う若手募集など、同業他社が匙を投げてしまった難題に対して誠実に向き合い、すべて成功させてきました。残念ながら具体的な内容までは記載できないのですが、そのすべてに「採用広報」「共感採用」の手法が導入されています。

現在、埼玉県における正社員領域の採用決定率は96％（2022年10月現在実績）。埼玉エリアではまだ浸透していないこれらの採用手法を駆使し、建設、介護、不動産、製造、飲食、ＩＴなどあらゆる業界で、採用成功に導いてきた実績とノウハウが弊社にはあります。

〝未来のはたらくをデザインする〟をミッションに、少子高齢化、リテラシーの変化など、時代の変化に合わせて、企業が次のステージに進む手助けを続けていく。価値観、ライフスタイルの多様化、多くの情報、たくさんの選択肢が溢れる現代において、まっすぐに、企業と個人の未来に寄り添い、成長スピードにあわせて、戦略的に伴走していく。着実に、確実に、そして誠実に。それが私たちが掲げる覚悟です。

細谷一樹（ほそや　かずき）

FAITH株式会社　代表取締役

専門学校卒業後、理容師、フリーター、アパレル店員を経て、営業会社に転職。ノルマ、ノルマ、ノルマの求人広告代理店営業マンとして、1日テレアポ500件、飛び込み営業の体育会系のカルチャーの中で、営業の恐ろしさを知る。その後、クライアントにも恵まれ、個人実績として、月間売上は関東トップクラス。月間の売上平均は1200万、年間1億5000万円までに成長。求人広告の面白さ、やりがいを感じる。マネジメントについても、週刊ビジネスでもある求人広告業界で結果を残すも、ビジネスモデルに違和感を感じ退職、その後、FAITH株式会社を立ち上げ、“ちゃんと”採用ができる仕組みづくりを構築し、人材採用領域でクリエイティブとロジックを融合して、“誠実さ”と、“インパクト”ある表現。これらをモットーに自社制作にこだわり、クライアントのリアルを集約し、横並びのない、無機質な求人原稿表現とは一切無縁で、型にハマらない斜め上をいくクリエイティブを提供。昨今では、埼玉で唯一の採用PR支援会社として、SNSを通しての採用広報を実践し、採用成功に繋げる手法を提供している。

連絡先

Mail　k.hosoya@faith-2019.co.jp

【参考・引用元】

・株式会社帝国データバンク　特別企画：埼玉県企業「後継者不在率」動向調査（２０２２年）
https://www.tdb.co.jp/report/watching/press/pdf/s221201_27.pdf

・中小企業庁　最近の中小企業の景況について
https://www.chusho.meti.go.jp/koukai/chousa/chushoKigyouZentai9wari.pdf

第六章

「血縁後継者」「買い手」「売り手」を経験した筆者が語るそれぞれの立場へのアドバイス

高橋大二

1　「血縁後継者」「買い手」「売り手」を経験した筆者が語る　それぞれの立場へのアドバイス

(1) 筆者のこれまで

はじめまして。埼玉県さいたま市の北に位置する上尾市で、保険代理店を経営しております高橋大二と申します。弊社は創業45年で、26歳で父と母が家族経営で創業した保険代理店に入社し、2007年より代表となり経営に携わっています。弊社のように地域の個人や企業様に損害保険を中心に販売をする事業者を一般的に「損保代理店」と呼びます。

この「損保代理店」は2001年、日本に34万2191店ありましたが、2020年には16万5185店と20年の間に半分以下に数を減らしています（一般社団法人日本損害保険協会損害保険代理店統計より）。この数字から分かる通り、私がこの業界に入ってから業界が変革期を迎え、「より大きく、より効率的に」を実現するためにM&Aが非常に活発に繰り返されました。

2007年以降、弊社もその流れに取り残されぬよう吸収、合併、買収を経験しましたし、業界内でもとても多くの実例を見ることができました。当然うまくいくもの、いかないものも身近にたくさん見てきました。売上の拡大と事業の効率化は大切ですが、それは外圧や環境変化への生存戦略で根本的な事業の再定義にはなりません。

そのことに気付いた私は損保代理店を再構築するために本業のお客様の利便性を高め、また、本業のお客様を発見できる事業を探し社内に取り入れてきました。これもやはり、一定の成果を収めるケース、想像したほどのシナジーが現れなかったケースがありました。成功も失敗も今となれば大きな糧となっていますので後悔はありませんが、実際問題として弊社の人員ですべてを運営することはできませんので、シナジーが現れなかった事業を他社へ売却する経験もしてきました。

このように業界内ではかなり早い段階で代表に就任したことや、M&Aを使って既存事業や新規事業を拡大してきたこと、従業員の採用や教育による新たなる社内文化の創生などを評価していただき、現在では業界内外に向けて研修を行ったり、事業承継のご相談をいただいたりするようになりました。

私のパートでは、事業承継においての「血縁継承者」、そして変革期を迎えた損保代理店業界でM&Aの「買い手」、「売り手」を経験した私が、それぞれの立場の方に対しておこがましいですがアドバイスさせていただき、いらぬ失敗を減らしていただければと考えています。

また、後半ではそんな経験を踏まえ、私の専門領域であるリスクと保険についてお話しさせていただきます。M&Aは素晴らしい選択肢の一つであることは間違いありませんが、蓋を開けてみて思わぬトラブルに見舞われることも少なくありません。事前の準備、手段としての保険をわかりやすくお伝えできたらと思います。では、よろしくお願い致します。

(2) 血縁後継者を検討している経営者様、血縁後継者になろうとしている方へ

①スモールビジネスを家族に継がせるということ

唯一、事業承継における登場人物の中で私に経験がないのが、この血縁(子ども)に事業を継がせる・継がせたいと考えている経営者の立場です。ただ、創業をしてゼロから売上を作っていくことは並大抵の努力ではないことは容易に理解できます。金銭的な苦労も多かったことでしょう。この時期の苦労話を母親はよく私にしていました。母親は私に苦労させたくないという考えから、後継者にすることに乗り気ではありませんでした。

血のにじむような思いをして立ち上げた会社・事業です。誰かに、例えば子どもに続けてもらえたらこんなにいいことはないと思います。一口に血縁後継者と言っても事業の大きさはさまざまです。決して大きければよいということではありませんが、この本を手に取っている多くの社長様はスモールビジネスを経営されているのではないかと思います。

もし、それが当てはまるならばこの質問について考えてみてください。

「子どもを自分の商売に巻き込む覚悟はありますか?」

それがあるから、検討している！

あるいは、それがないから悩んでいる！

いろいろとお答えはあると思います。

父をはじめとして、地域のスモールビジネスの創業者をたくさん見てきた私からアドバイスさせていただきます。まず、創業者のバイタリティー（生命力・活動力）は尋常ではありません。これを普通と考えるとまずほとんどの人間がついていけません。私の周りの多くの創業社長がこのタイプで、「普通にやっていればできる」「普通こうだろ」ということをよく口にします。まず認識してほしいのは、その「普通」はあなただけの「普通」であって、他の人からは下手をすると「異常」とも映るものである可能性があるということです。

次に、少ない人員、かつ家族がいる会社の社長は圧倒的に従業員を育てる経験が不足しているということです。家族は「言わなくても分かる」が時に通用してしまいますので数から抜くとすると、今までの経験の中でいったい何人の人材を教育してきたでしょうか？

たくさんしてきていないのが悪いと言っているわけではありません。ただしっかりと認識してほしいのです。

・人材教育の中でも難しいのが後継者の育成
・さらにその中でも家族（お子さん）を育てるのは難しいとされている
・スモールビジネスの社長には人材教育の経験が少ない

・スモールビジネスの社長は一般的に教育が苦手

今まで得意なことを普通にやって輝かしい成果を挙げてきた社長が、最後の大仕事として苦手なこと、得意でないことに全力で取り組む必要があるということを、認識してほしいのです。

たくさんの血縁後継者がうまく育たず、時にやめてしまう。あるいは創業社長の加齢によるバイタリティー低下と共に事業が縮小していく……。そんな実例を見てきたからこそお伝えしています。もう一度聞きます。

「子どもを自分の商売に巻き込む覚悟はありますか？」

その覚悟をもって最後の大仕事に取り掛かっていただければ！

これがスモールビジネスを家族に継がせようとする方への私からのアドバイスです。

②スモールビジネスを継ぐという選択肢と考え方

では次に、スモールビジネスを継ごうかと考えている血縁後継者にお話ししたいと思います。これは血縁後継者だけの話ではありませんが、先にお話ししました通り、多くのスモールビジネスは社長（あるいはその配偶者）の影響を大きく受けています。

お客さん、取引先、営業（新規獲得）、技術、サービスなどのほとんどが社長の人間性や行動力によって支えられています。なので、同じように事業を運営しても、最高でも現状維持となる可能性が高くなるということです。そして、創業社長のバイタリティーが加齢と共に落ちていくにしたがって事業が縮小していってしまう悪循環に陥るリスクがあります。

もちろん、すべてのケース、すべての業種でそうだというわけではありません。しかしあなたが選ぼうとしている選択肢は、創業者のバイタリティーが下がる前にあなた自身のバイタリティーでビジネスを成立させるか、あなた自身によるビジネスの新しいやり方を見つけるか、そのどちらかを実現するというものです。そして多くの業界は、損保代理店と同じように変革期や環境の変化に対応できなければ、同じ売上を保つことも困難であるということです。

創業者と同じことを同じように行うことはとても難しい上に、それは正解とならない可能性がある。これを肝に銘じましょう。

だからといって創業者と対立しろ、と言っているのではありません。業界やビジネスの常識や慣習も知らずにいきなり変革などできるはずもありません。まずは敬意をもって先代や同業から今の「やり方」を学びましょう。創業社長から学べるものは学び、大いに利用しましょう。

スモールビジネスにとって多くの場合、創業社長は最強の営業マンです。

元気な間にどんどんノウハウを吸収し、大いに営業マンとして活躍してもらいましょう。

そして、この体制が維持できているうちにあなたの長所を活かした、あなたのビジネスモデルを構築していくのです。

そんな役割であることをしっかりと認識できれば、スモールビジネスの社長はとても楽しい仕事です。私の経験をお話しすれば、父から保険マンとしての在り方をしっかり学びました。その上でやはり私には創業社長と同じことをするのは不可能（価値観に合わない）と感じたので、父にはできるだけ長く現場で営業に従事してもらい、その間にM＆Aで取引額を大きくし、採用を進め教育しお客様の対応をしてもらえる体制を作りました。

さらには保険という既存事業に依存しすぎることなく新規事業に取り組む時間も父に作ってもらえました。父にしてみれば私が現場（お客様のところ）に行かないことが面白くないことも多かったと思いますが、理解してくれたことにとても感謝しています。

創業社長から学び利用し、今まで積み上げてきたものにプラスしてあなたの長所を活かし次の30年も地域や業界に必要とされる事業体を作り出す。これはとてもワクワクする仕事だと思います。それをどのように行うのかは是非我々に相談してください。これが、スモールビジネスを継ごうとしている方への私からのアドバイスです。

（3）「買い手」となる経営者様へ

①うまくいくM&A、うまくいかないM&A、よい買い物をするためのアドバイス

この項ではM＆Aにおける「買い手」となる経営者の皆様に私の経験からいくつかアドバイスしたいと思います。前述の通り、半分以上の損保代理店がこの20年で姿を消しました。それに対して損保代理店の従事者を表す募集人の人数は、２００１年の１５７万５１９５人から２

020年の204万486人（一般社団法人日本損害保険協会損害保険代理店統計より）となんと40万人以上も増えているのです。店の数が減り、従事者が増えるという理由はいくつかあります。その一つは高齢化した損保代理店がM&Aにより大型化し、若い従業員に引き継ぎを行っていることだと言われています。

損保業界に機械設備などの有形資産は少なく、多くは信頼や契約、それを管理している募集人のノウハウなどの無形資産となります。私のM&Aノウハウの多くは「人」に関してのものです。ですが多くの場合、デューディリジェンスなどで明らかにならないリスクは「人」によって起こされるものが多いのではないでしょうか？　詳しくお話ししていきましょう。

私が同業のM&Aを見ていてあとから失敗しているケースは大きく三つの原因があります。

一番目は相手に対しての敬意がないケースです。M&Aである以上、買う側と売る側、あるいは吸収される側がいます。この際買う側は決して優位なわけでもなく、ましてや偉いわけでもありません。むしろ、新しい事業体を責任もって運用し発展させていくための責任が重い分、より責任ある態度と発言が求められます。そこを理解せず、相手の今までの事業や文化そして人間性を軽んじると感情的なトラブルに発展します。M&Aは損得だけの問題ではありません。相手の感情を軽んじることは絶対に避けましょう。

二番目は重要なことを話さずM&A、主には合併を進めてしまうケースです。同業種や同業界ですと吸収や合併、買収の相手が知人や友人であることもしばしばです。20年来付き合いがある気の置けない仲間だったりもします。しかし、先ほどとは逆で個人的な信頼や感情だけではなく、逆にそんな仲間だからこそ嫌なことは最初に話し合って決めていく。

そんな一見すると当たり前のことが、距離が近いが故に「なあなあ」になってあとでトラブルに発展します。嫌なこと、とは主に報酬や株式などの金銭面、役職、後継者、そして勇退時期などです。ここは決して曖昧にしてはいけませんし、仲が良いからこそ腹を割って話し合い誤解がないように明確に書面合意することが絶対です。一番目のトラブルよりやっかいなのは事業が頓挫し、大切な友人をも失ってしまうことです。

三番目はM＆Aの金額を買いたたきすぎることです。もちろん経営ですので買収の金額は安いほどよく、売り手と買い手がよければ契約そのものは成り立ちます。ですが、相手の弱みに付け込むなどして安く契約した場合、売り手は多くの仲間からインタビューを受け、後から安すぎたことに気付くかもしれません。スモールビジネスのオーナーは事業の多くの部分を担っていますので協力関係がこじれるケースがあるのです。また地域や同業の中であなたの評判はどうなるでしょうか？

三番目のトラブルは一番目にもつながってきます。売り手よし、買い手よし、世間よし。あくまで相手を敬い、想いを紡ぐという側面があることを忘れないでください。

②タダより高いものはない？　無償譲渡を提案されたときの私の対応法

Ｍ＆Ａの実務において相手を尊重することの重要性はご理解いただけたことと思います。

小規模のＭ＆Ａでよく起きるのが、無償でよいから引き受けてくれないか？　というケースです。先方にも恐らく環境など色々な事情があるのだと思います。しかし無償であるがゆえ、前項で私が挙げた三つの原因が解決できないことがあります。

1　無償ということは、相手はタダであげるという立場になり、先方からこちらに対して必要な敬意や協力が得られない可能性がある。

2　無償であることから先方は契約交渉そのものに時間をかけたくなかったり、話し合いを面倒がる可能性があることで、引き受けた際のリスクに気付きづらい。

3　安い金額の最たるものが「無償」となる。

といった具合です。一見するとおいしい話のように思えますが、しっかりとリスク回避しておきたいものです。

そんな際に私が使うのが、引き受けた事業の分からないことやお客様の情報などを教えていただくといった業務委託契約を締結するという方法です。

実際、引き継いだものの、後は知りません！　と言われてしまうと業務は思うように進んでいきませんし、業務委託契約の報酬を発生させることで相手にも敬意をお伝えすることもできます。さらには契約書を結ぶことができますので、ある程度責任を発生させることができ、例えば利害相反行為を禁止することも可能です。敬意と報酬を提供し、責任を契約で明文化することができ、相手も決して悪い気持にはならないと思います。仮にもし、相手があなたを貶めようとしていた場合も契約を提示することで引き下がってくれる可能性も期待できます。もちろん、契約書の内容などは専門家と相談して決定することは言うまでもありません。タダより高いものはないと言いますが、M&Aに関してもそれは当てはまることが多いと思います。

(4)「売り手」となる経営者様へ

①事業を手放すという選択肢と考え方

この項では、情熱を注いで、かつ多くの方の協力と応援によって運営・発展してきた事業を売却することを検討している経営者の皆様にお話しします。中小企業庁の推計によると、日本では60万社が後継者不在により、黒字にもかかわらず廃業の危機にあります。この数字をどう見るかですが、一つは後継者を探し、育て事業を引き継ぐことがどれだけ難しいかということです。別の見方をすれば、60万人の社長がしかるべき時までに事業を手放すという選択肢を検討できていないということです。その意味では売却を検討されている時点で事業とお客様の未来を真剣に考えているということだと私は思います。正直、私の事業売却は本業とのシナジー創造に失敗した部分的なもので、コア事業である損保代理店ではありませんので、それをご検討されている皆様のお気持ちは想像するに余りあります。

しかし、私と私の周りで事業を売却した経営者の共通点をお話しすることで選択の材料となれば幸いです。私の周りの経営者は私のように部分的な事業売却をした方、あるいは本業を売却した方も数多くいらっしゃいます。もちろん業種もまちまちですが、特に本業の領域を売却した方々に共通しているのは、その経験を踏まえて活き活きと新しい事や新しい事業に取り組んでいることです。すでにお気付きかもしれませんがM&Aにおいては買い手よりも売り手のほうが、絶対的に案件が少ないのです。つまり、事業売却を経験されたことは非常に貴重な経験で、キャリアの終わりではなく、キャリアの転機であるということです。

事業売却の選択肢をもつことであなた自身のキャリアは現状の会社や事業にとどまらず、より広く大きなものになる可能性があるということです。

このように事業売却はとかくネガティブなイメージがありますが、冒頭に述べた経営者として苦手なことに本気で取り組む選択肢を選ぶのか、引き続き新たな経験を得た上で得意なことを売りにして経営者として、ビジネスマンとしてのキャリアを積み上げていくかを選ぶ。

そんな自分の将来への岐路であると考えてみてはいかがでしょうか？　地域の経営者がより自由な選択をして、結果地域と日本が発展していくことを祈ります。

②いつ？ が重要。手放す時期へのアドバイス

この項では事業売却を検討される方へ、「いつ」売却するのか、についてアドバイスをしたいと思います。これについてもどの業界のどの方にも共通する方程式は存在しません。ですので、あくまで実体験と周りで事業売却を経験された経営者を近くで見た上での私の主観をお話しします。

事業を売却する時期については、日本、あるいは世界の経済状況を考えてしまうと明確にこの時期！ というのは世界中の誰にも断言することはできません。しかし、前項でお話ししました「事業売却はキャリアのゴールではない」を価値観にするならば話は違ってきます。どの経営者も自分の会社、自分の事業、自社の従業員にこだわりと愛情をもっていることでしょう。しかし何度も前述している通り、自らの得意でない人材育成、さらには後継者育成を今から全力で成し遂げることと、ここまで積み上げてきた経営者として得意なことを活かしてビジネスマンとしてのキャリアを積み上げること。どちらが本当に自社にとって、社会にとって有益なのかを真剣に考える必要があります。さらには、売る側は、誰に売るのかを決めることができます。人生の一部、あるいは大部分を捧げた事業と愛すべき従業員を託す相手は売り手であるあなたが実際に会い、面談して決めていけるのです。売却を検討している時点で自社に優秀なスタッフはいても、経営の重責を任せられる社員は育てきることができなかったのかもしれません。私の仮説通りであるならば、M&Aは次の経営者の選定活動となりますので、事業売却

の可能性があなたの中で発生したらできるだけ早く取り掛かるべきだと私は考えます。他の経営決定と同じように、考えられる選択は思い込みを排除し、できるだけ柔軟に数多く用意した上で最善を選択すべきだと思います。

さらに、やや残酷なことを伝えると、あなたの企業ももちろん、車や時計、その他さまざまな所有物を誰かに売却するときの原則があります。それは、

「自分にとって価値があるうちにしか、他人にとっても価値がない」

ということです。世間の価値観があり、その価値観によって売り手の価値観も買い手の価値観も影響されています。自分が使い切ったものを誰かに売ろうとしても、ネットオークションやメルカリを使ったことがある方なら分かるでしょうが、値が付かない、あるいは高く売れない。この傾向は確実にあると思います。

もちろん、価値観の多様性やビンテージ的な価値により高く売れるという可能性もあるとは思いますが、それはより少数のマニアックな需要であり、可能性としては犬も歩けば棒に当たるという希望的観測的な確率になってしまいます。企業に当てはめると、顧客の寿命、商材の寿命、施設や技術の寿命、そして従業員さんの未来。この可能性が高ければ高いほど多くの買い手の興味を引き企業にとってより優秀な新たな経営者を選べる可能性が高まり、もちろん、売り手であるあなたの経営者としての変化値も高い状態だと言えると思います。

私も現在47歳と経営者として決して若くはなくなりました。弊社の中で弊社のさらなる発展

を描ける後継者の育成を全力で行いますが、私の想像を超え自分自身のやりたいことを見つけて巣立っていくスタッフも出てくることでしょう。しかるべき時までに自らの後釜が見つからなければ私自身もこのルールに従って弊社と私のキャリアの未来を選択します。

よろしければ参考にしていただけたら幸いです。

2 M&Aに関するリスクと保険

（1）M&Aに関わる保険の考え方

①概論

この節ではM&Aに関するリスク管理の中での保険の利用方法をお伝えしていきます。リスクばかりを考えていてはM&Aは進んでいきません。数あるリスクの中でも経営を揺るがしかねないもの。そして、保険で回避できるものを中心にお伝えしていきたいと思います。

まずは簡単にリスク管理の考え方とその中での保険の役割についてお話しします。

リスク管理（リスクマネジメント）とは、リスク発生に備えて、リスクを発見・特定し、「リスクの発生確率」と「リスクの影響度」などにより分析・評価し的確な対策を行うためのプロセスのことです。事業を守るためには、リスク分析・評価を実施した上でリスクの種類にあわせて的確な対策を実施していかなければなりません。リスク対策は二つに分類されます。一つ目はリスクコントロールと呼ばれる損失の発生頻度と大きさを削減する方法で、「リスク回避」「損失防止」「損失削減」「分離・分散」などの手段が挙げられます。

二つ目はリスクファイナンシングと呼ばれる、損失を補填するために金銭的な手当てをする方法です。リスクファイナンシングのうち、損失が生じたとき、それを自己負担で解決する方法をリスクの保有と呼び、損失が生じたときに第三者から損失補填を受ける方法をリスクの転移と呼びます。このリスクの転移の代表的な手段が損害保険となります。すべてを保険で解決できるわけではなく、さまざまなリスクの中で、発生する頻度が低くても発生時の影響が大きい場合にリスク移転を選択肢に入れるというのが一般的な考え方です。

(2) M&A時に気を付けたい保険とは

①埋没している問題に備えるために

リスク①　買収対象企業の情報に虚偽があった！（M&A保険について）

この項では、リスクファイナンシングの中の「リスク転移」としての保険がどのようなケースに役に立つかをお伝えしていきます。

企業がM&Aを行う際、買主が譲渡対象企業についてDD（デューディリジェンス）を行うことはここまで読み進めていただいていればご理解いただけていると思います。しかし、どれだけ調査してもすべては把握しきれず、買手におけるM&Aには一定のリスクが存在します。リスクを回避しようと「売主が開示する情報は真実であると成約させて、万が一これに誤りがあった場合に金銭的に補償を請求できる」という条項を契約書の中で設けることが一般的です。これを「表明保証」と呼びます。表明保証において難しいのは「表明・保証する項目が複雑で、売主自身であっても100％掌握することは困難」ということです。ご自身に当てはめて考えてみればよく理解できると思います。

「一切の誤りのない財務諸表を作成していますか？」

この質問に自信をもって「はい！」と答えられる経営者は少ないのではないでしょうか？にもかかわらず、M&Aにおける表明保証には「開示している財務諸表に誤りはないこと」を入れることが一般的になっています。ここに財務諸表だけでなく、より詳細な事項、例えば人事労務、株式、債券、訴訟など、より詳細な項目に対して「売主により多くの責任を負わせたい」買主と、複雑で詳細な項目まで表明保証を要求されると、M&A後に賠償請求を受けるリスクが高まるが故に「少しでも責任を負いたくない」売主のニーズのミスマッチが生まれてしまいます。このミスマッチを何らかの方法で解消できないとM&Aディールの成立が危うくなってしまうのです。

表明保証の課題はこれだけではありません。万が一、M&A成立後に表明保証に違反があったとしても、売主が十分な資力を備えていなければ買主は十分な補償を得ることができない可能性があります。また買主はM&Aの効果や利益を上げるために中期的な視点で売主との良好な関係を望むことが多いため、万が一、表明保証違反が発覚しても関係悪化を危惧して請求しづらくなる、あるいは請求したことで関係が悪化してしまう懸念があるのです。

そのような際の解決策になり得るのが表明保証保険（通称M&A保険）です。この保険はM&Aにおいて、売主の表明保証違反によって買主が被る損害を保険会社が補償するものです。対象とできる表明保証項目は、財務諸表・会計帳簿・公租公課・人事労務といった基本的な項目から、対象会社の株式等・訴訟・動産・債券・資産・契約等といったものまで幅広く設定することができます。

想定事例を挙げてみます。

・売主が「貸借対照表上に記載されている以外に存在しない」と表明していたが、簿外債務が発覚し、買主が想定外の支出を負った。

・売主が「譲渡対象企業について従業員の未払い報酬が存在しない」と表明していたが、未払い賃金が発覚し買主が想定していない支出を負った。

・売主は「譲渡対象企業に各種税金について、支払いが済んでおり滞納がない」と表明していたが、未払租税公課が発覚し、買主が想定していない支出を負うことになった。

・売主が「動産について第三者の負担等なく所有している」と表明していたが、第三者が所有権を有していると買主に主張してきて、防御のための弁護士費用等の支出を負うこととなった。

こういったケースにおいてこの保険で買収契約に基づき賠償請求可能な損害や訴訟費用などを支払うことができます。

この保険の代表的なメリットは以下となります。

・買主にとっては売主の資力にかかわらず万が一の際に必要な補償を得ることができる。
・保険にリスク転嫁することで、買主・売主間でスムーズな表明保証条項の合意ができる。
・万が一の際に、買主・売主間の関係を悪化させることなく、買主は補償を得られる。
・万が一の際に、買主は「損害賠償請求」のために余計な時間やコストをかける必要がない。

このように表明保証保険（M&A保険）は買主になるとしても、売主になるとしてもメリットは多く、概要は理解しておいていただきたいものとなります。

しかしながら、表明保証保険は日本においてまだ一般的なものであるとは言い難く、契約するにあたってもM&A契約における譲渡金額などの緒条件がある他、取り扱いができるのが士業や金融機関、一部のM&Aに精通した代理店に留まっており、M&Aを進めるにあたってのリスクマネジメントの相談相手には慎重な選択が必要です。また、このような環境下において表明保証保険の対象外となるM&A契約も数多く存在します。そのような際にどのような対策ができるのかを次項より紹介していきます。

リスク②　買取対象企業の与信管理が甘く未収が出た！（取引信用保険について）

M&Aにおいて、商品やサービスを提供する上で自社が行っていない役割を担う企業を買収する、いわゆる垂直型M&Aは一般的なものです。商社がメーカーを買収したり、卸が小売りを買収したりする例が挙げられます。この際に注意したいのが今までのビジネスと業種や商習慣が変わり、与信管理が複雑化することです。業種が変われば取引が変わり、より大きな額の取引に関わることもあります。そんな際に、今までのビジネスと同じやり方で与信管理を行っていると大きな信用リスクを負うことになります。信用リスクとはつまり「貸し倒れリスク」のことです。売り手の会社が十分な与信管理のもとビジネスを展開してきている。あるいは自社に与信管理にノウハウがある場合はともかく、そうでない場合には企業にとって時に致命的なリスクとなります。

例えば、A社（年商10億円）は取引先S社が倒産してしまい、売掛債権（2000万）が回収できなくなってしまった場合、この企業の利益率が5％とすると2000万円÷5％＝4億円。これを補填するためになんと4億円の追加売上が必要となってしまいます。売り手企業の商習慣が、人間関係や過去の貸し借り、あるいは「なあなあ」の関係性においての取引を続けていてもDDには記載されません……。

そんなリスクに対しての「リスク転移」の代表的な手段には、ファクタリング（Factoring）と呼ばれる、会社が保有する売掛債権（売掛金、受取手形など）をファクタリング会社に買い取ってもらうものと、「取引信用保険」と呼ばれる、取引先が商品やサービスなどの代金を支払わないことにより、契約者が被る損害に対して保険金を受け取れるものがあります。

ここでは「取引信用保険」についてお伝えしていきます。

繰り返しになりますが、取引信用保険は販売先が破産・民事再生・会社更生手続きを始めた場合や、手形交換所の取引停止処分（小切手や手形の不渡りを同一手形交換所管内で6カ月以内に2回起こした場合）や一定期間を経過してもなお債務を履行しないことにより被った損害を補償する保険です。

契約の方法は、一定の基準に基づいた取引先群を指定（例：すべての取引先、年間1000万以上など）して損害保険会社に通知します。損害保険会社はその取引先を信用調査しランク付け・審査した上で保険料を通知してくるといった流れになります。この保険を利用する最大のメリットは、保険会社の調査能力を使い現状の取引先の客観的な評価を知ることができる点にあります。それにより、ある程度今までの売り手企業の与信管理の質を知ることができること、既存の取引先に関して今後の取引量や額を設定していく上での重要な情報となります。特にM&A成立初年度においては、リスクの転移と共にM&Aの効果を最大化していくための手段として検討しておくとよいでしょう。

リスク③　買収対象企業の労務管理に問題が！（使用者賠償責任保険、雇用慣行賠償責任保険について）

企業や労働者の労働災害防止の取り組みにより、労災事故による死亡者は減少していますが、休業4日以上の死傷者は増加傾向にあり、令和2年では前年比＋5545人で13万1156人となっています（厚生労働省報道発表資料より）。また、平成20年3月1日施行の労働契約法第5条にて、「使用者は、労働契約に伴い、労働者がその生命、身体等の安全を確保しつつ労働することができるよう、必要な配慮をするものとする」という安全配慮義務が明文化されました。

また、いわゆる過労死の労災認定は令和3年9月に改定された認定基準にて、残業時間が「過労死ライン」とされる月80時間に達しなくても、勤務間インターバルが短い勤務や休日のない連続労働といった不規則な勤務や身体的負荷などを総合的に勘案することとされ、より柔軟に労災認定される可能性があります。さらには、大企業を対象にしてきた「パワハラ防止法」も2022年4月1日より中小企業にも適応され、職場のパワーハラスメント防止対策を講じることが義務化されました。企業の使用者としての責任は今後一層強く求められていくでしょう。

そんな中、M&Aにて取得した会社の、未払い残業代や過酷な労働条件はともかくとして、セクハラ・マタハラ（マタニティハラスメント）・パワハラなど、当事者は心を大きく痛めているにも拘わらず、原因となった者にその意識が総じて薄いと言われるトラブルに関してDDにてすべてを拾い上げるのは難しいと言えます。また、このようなケースにおいて、従業員やそのご家族から訴えられた場合、企業として万全の対策を取っており責任がないことを証明するのは非常に難しいとされています。

もちろん、新たに合流した事業体の体制を確認し改善していくのは大前提ですが、過去の事実までは変えることはできません。そんな際に企業活動を守るのが「使用者賠償責任保険」そして「雇用慣行賠償責任保険」となります。

「使用者賠償責任保険」とは、主に従業員が業務中の偶然な事故によるケガなどを被ったことについて会社や役員が法律上の損害賠償を負担することによって被る損害に対して、保険金が支払われる保険です。前述の通り、就業中に従業員がケガをする事故が起きてしまっている以上、安全配慮義務が全うされていたと証明するのは困難なため、建築業などの危険が想像しやすい業態に留まらず近年では検討する企業が増えている保険です。

「雇用慣行賠償責任保険」とは、雇用上の差別・不当解雇・セクシャルハラスメント・マタニティーハラスメント・パワーハラスメント・ケアハラスメント・モラルハラスメントのいずれかの事由に起因して会社または役員、従業員が法律上の賠償責任を負担することによって被る損害に対して保険金をお支払いする（具体的な行動や発言を行った個人に損害賠償請求がなされた場合を除く）保険です。令和４年４月１日から中小企業に職場のパワーハラスメント対策が義務化されており、もはや完全に他人事ではなくなりました。しかしながら、「うちに限って大丈夫」と考える経営者はまだまだたくさんいらっしゃいます。そういった環境の変化に対応できなかった結果が事業売却の原因となっている可能性もあり得るのではないでしょうか。

企業の責任はさまざまな面で大きくなる一方ですが、特に従業員（労働者）の健康に関してはその傾向が顕著であることは心に留めておきましょう。

リスク④　買取対象企業の情報管理が甘く漏洩事故が！（サイバー保険について）

情報セキュリティ事故（情報漏洩）というと、一昔前までは、メール・ＦＡＸ・郵便物の「誤配信」や、ＰＣやスマホの「置き忘れ」がほとんどでしたが、近年では標的型メール攻撃やランサムウエアによる金銭要求、マルウェア感染などの「サイバー攻撃」が急増しています。

２０２１年の東京オリンピック・パラリンピックにおいても、大会組織委員会と、大会のサイバーセキュリティーを担当したＮＴＴは記者会見で、東京オリンピック・パラリンピックの期間中、大会運営に関わるシステムやネットワークへのサイバー攻撃は、およそ4億５０００万回に上ったことを明らかにしています。データが比較可能な２０１２年のロンドン大会の２倍以上に上ります。

そのような環境の中、２０２２年4月に個人情報保護法が改訂され、個人情報取扱事業者は、個人情報の漏えい等の発生時は、個人情報保護委員会に報告し、本人に通知する義務を負う（個人情報保護法22条の２）他、法人に対しては措置命令（42条２項、３項）違反や個人情報データベース等の不正流用に対し1億円以下に罰金を引き上げ、企業の責任を明確化しています。

とは言ってもサイバー攻撃の標的となるのは大企業や国や自治体、またはそれに類する組織や団体に対してで、中小企業にはあまり関係がないと考えている経営者も多いことでしょう。

しかし、実際には新型コロナウイルスの感染対策によるリモートワークの広がりにより中小企業でも被害が増加しています。２０２１年４月に日本政策金融公庫が中小企業に対して行った調査では、セキュリティ対策の現状について、同業の中小企業に比べてどう思うかを質問したところ、全体では「遅れている」とする企業の割合が31・７％を、「やや遅れている」とする企業の割合が22・５％をそれぞれ占め、「進んでいる」（「やや進んでいる」の４・７％を含む。以下同じ）」とする企業の割合は６・７％にとどまったとしています（日本政策金融公庫調査月報№.１６１より）。つまり、中小企業の半数以上もがセキュリティ対策が遅れていると感じているのが現状です。なぜ中小企業を狙うのか？　についてですが、日本の中小企業は取引先として大企業につながっているケースが多くセキュリティが弱い中小企業から侵入し大企業を攻撃する目的があるとされています。つまり、情報セキュリティ事故は自社だけの問題にとどまらず、重要な取引先まで巻き込んでしまうリスクをはらんでいるのです。

そんな際に企業活動を守るのが「サイバー保険」です。

「サイバー保険」は、サイバーインシデント（不正アクセスやＤｏＳ攻撃、データ改ざん・破壊などシステムに対する外部からの攻撃）・情報漏洩及びその恐れ・メディア不当行為（システムの所有・使用・管理による名誉棄損やプライバシー侵害、著作権侵害など）ＩＴユーザー業務（業務の一環としてのシステムの使用・所有・管理に起因する偶然な事故）などによって生じた「賠償責任」（他人への損害）「事故発生時の各種対応費用」（事故の調査から解決・再発防止までにかかる諸費用）などを補償する保険です。情報セキュリティ事故が他のリスクと違うところは、賠償（他人への損害）よりも、調査や防止、再発防止などの事後対応にかかる費用が莫大になる可能性があるところです。先にもお伝えした通り、情報セキュリティ事故が起きた場合には企業として報告をし、措置命令に従った対応をする義務があります。物理的な事故とは違い、調査や事態収拾、復旧はもちろんのところ、対応や報告においても専門家のサポートが必要なのです。そのような際にこの保険では金銭的な補償だけではなく、各保険会社とあらかじめ提携をした事業者からの必要なサポートを受けられるという機能も備えています。DDにて情報セキュリティがどのレベルで運用されているのかをつかみ、必要であれば改善していくのは当然ですが、完全なセキュリティというものは存在しません。事後の備えとして検討することをお勧めします。

②生命保険についての考え方の基本

この項では、M&Aにおける生命保険の考え方の基本をお伝えしていきます。前項までの偶然や外的要因の事故を補償する損害保険とは違い、生命保険は主には会社役員や経営上重要な要素を担っている従業員に対して保険を契約するものになります。通常の法人においては経営者と役員を対象にすることが多いのですが、M&Aにおいては登場人物が増えます。それは、売り手となった会社の経営者や役員が一定期間会社に残ることになるためです。

M&Aによって新たに取得した事業を守る生命保険を適正に利用するためにまず必要なのが、この事業を運営するにあたってどの役員がどの程度替えが効かない仕事を行っているかを見極めることです。売り手の会社の社長や役員が単に情報の引き継ぎのために会社に残っているのか、あるいはその会社の技術やサービスの根幹に関わっているのかによって生命保険の関わり方は変わってきます。単に引き継ぎをスムーズにするための就任であれば、例えば病気やケガで働けなくなった、あるいは万一亡くなったとしても経済的な影響は限定的です。しかし、技術やサービス（人脈や人間関係含め）に替えの効かない存在であるとすれば、それを棚卸しし、引き継いでいくには一定の時間を必要としますし、万一のことがあると事業の価値を大きく棄損しかねません。その場合には引き継ぎ期間をめどにし、事業の借り入れやその他財務面はDDによって明らかにされているはずですので、経済的影響が買い手企業の経済活動に影響をおよぼさない範囲で生命保険を利用することをお勧めします。また、買い手企業の経営者においては、売り手企業の借り入れに対して新たに責任を持つことになる場合が多いかと思います。改めて、現状の自社企業における借り入れと生命保険保障額、そして買収企業の規模と借り入れを整理して必要であれば保障の「再設定」を行い、経営者の健康状態によって会社の経営が危機に瀕さないように確認する機会を設けましょう。

このように生命保険に関しては加入の目的（何のために）から設定し、いくら必要か（保障額）を考えることが大前提です。逆に言えば、現状のヒアリングも無しに保険商品を決めつけて提案したり、一つの保険とシナリオを先に設定して当てはめるセールスは多くの場合第三者的な目線を欠いていますので注意が必要です。何のためにM&Aをしたのでしょうか？　おそらく、小手先の損得や財務のためではないはずです。企業の成長を託した売り手のことも考え、シナジーを生み出し発展していくという目的を忘れないことが重要です。

（3）M&A／事業承継における保険相談窓口の選び方

問題を一元的・包括的に捉えられる相談窓口とは？

ここまでM&Aに関するリスクと保険についてお伝えしてきました。お読みいただければ、M&Aによって新たな事業体を迎え入れることにはさまざまなリスクは存在している。しかしながら、その多くは適切なDDなどにより、売り手企業の業種や現状を把握することでリスクファイナンスの手段が存在することもまたご理解いただけたと思います。その上で、いざM&Aを行う際に、リスクに関して相談する窓口をどこにするかについてお伝えしていきます。

M&Aに関しての保険の役割は主に従業員や第三者への賠償を補償するものとしての「損害保険」、そして企業活動の根幹を担う役員の身体への保障するものとしての「生命保険」に分類されます。保険を販売するチャネルには独立して損害保険・生命保険を販売する事業者「保険代理店」と生命保険のみを取り扱い、その多くは保険会社に雇用されている「セールスパーソン」がいます。M&Aにおけるリスクは、その多くを「損害保険」が担いその一部を「生命保険」が担うという構図ですので、リスクに関しての問題を包括的に相談・解決していくのであれば「保険代理店」が適当であると言えます。その上で、DD、法務、税務、そして交渉や落としどころを担うM&Aスペシャリストなど多くの専門家との相互理解や連携を取っていけるかどうか？　がカギとなってきます。リスクと保険はM&Aの中のほんの一部の問題であり、本丸ではありません。さまざまな専門家が関わり、一つのディールを成立させていくことを深く理解しその目的のために連動し支援していく姿勢がないと、先に述べたように保険を契約してもらうことがゴールになり、M&Aによってシナジーを出し事業を発展させるという目的を見失ってしまうことすらあり得ます。M&Aによって事業を加速させることを目的とするならば、M&Aの窓口そのものをさまざまな問題において連動できる体制を持っていることをしっかりと見極める必要があります。ディール成立も目的からすればマイルストーンの一つです。狙った効果を最短で出すためのパートナーをしっかり選ぶことが後のリスクを最小にする第一歩となると思います。多く経営者がM&Aをリスクコントロールしながら実現できるよう祈ります。

高橋大二（たかはし　ひろつぐ）

保険代理店このまち損保サポート代表

自己紹介

1975年埼玉県生まれ。人生の95％以上を埼玉で暮らす、生粋の埼玉っ子。

大卒後、新卒で金利約40％の債券回収の現場を経験。お金の恐ろしさを知る。

その後アメリカオレゴン州LCCに留学。カタコトの英語と合理主義を理解する。

帰国後は買い付けた古着の転売で日銭を稼ぎニート同然の生活を送るが、父親に激怒され終焉。

しぶしぶ保険会社に就職。保険金支払部門・営業部門を経験したのち、父が経営する保険代理店を継ぐことに。メンタルが弱い・ネガティブとおおよそ営業向きではないが、あとで楽するために今汗をかく「仕組みつくり営業」を構築し、生命保険業界において上位0.4％とも言われるMDRT基準を2006年、20代にして達成。2018年にはSOMPOひまわり生命エクセレントプランナー賞にて営業日本一を獲得する。

2007年より代表に就任。変革期を迎える保険代理店業界において、2023年現在、売上は入社当初の約10倍を実現。「保険代理店の再定義」をミッションに掲げ、今日も埼玉で奮闘中。

現在では営業マン・経営者・投資家・コンサルタントの４つの顔をもち、自らのM&A経験を踏まえた経営者への実践的なアドバイス・リスクマネジメントには定評がある。

著書『誰でも独立初年度から確実に月40万を稼げるとっておきの方法』（こう書房 2014）はアマゾン２部門で１位を獲得するなど、意外な文才をみせる。

連絡先

TEL 048-788-4554　　Mail info@conomachi.co.jp

おわりに

本書をお読みいただきありがとうございます。

最後に、この本がどのようにして生まれたのかを書いておきたいと思います。

コロナ禍である2021年春に本書の取りまとめ役である佐藤良久さんと、この先の未来について話し合っていました。埼玉県で働く者同士で、これからの埼玉の行く末を語り合う中で、「相続問題はこれから増える中で、同時に後継者問題も増えていく。見聞きするのは華やかなM&Aみたいな話が多いけど、実際は廃業なんかも多いって聞くよね」というような話をしました。そう、経営者の中には事業承継をどうしたらよいか分からない方たちもいて、その方たち向けに、事業承継を考えるきっかけになるような本を出したらよいのでは！　という話から、今回出版の運びとなりました。

幸いにも我々の中には、事業承継の経験者や、その事業承継そのものを手がけられた者など多くのメンバーがおり、このメンバーで執筆を行えば、多くの方々に読んでいただけるのではないかと考え、テーマをM&Aとかではなく、あえて事業承継とした次第です。

昭和生まれの経営者は、その多くの方々が高度成長期を経て、がむしゃらに働いてきた世代です。気がつけば後継者のことなど考えず、好きな仕事に、会社の成長を考え邁進してきたら、いつの間にか年を重ね、引退の時期に来た、そんな感じで時代を駆け抜けてきた方たちが多いと思います。

相続もそうですが、事業承継も身近なことなのにも拘わらず、そのタイミングや知識を十分に理解している人があまり多くないという現実があるからだと思います。

実際そのような教育を受けている人はそんなに多くなく、経営の勉強はしてきても、事業承継のことを学生のころから勉強してきている人は非常に少ないというのが現実です。

本書はその中で、多くの経営者さまにも気軽に手にとってもらえるようにしました。

ただ、一方でこの本の中身はM＆Aを実際手掛けている専門家の林先生や笹山先生、辻本先生がマクロの視点で解説しております。実務に基づくフローや、M＆Aにおいてどのような専門家にお願いするのがよいかのアドバイス、購入する場合、その会社全体の評価方法、デュー・ディリジェンスにおいての各項目毎の評価方法など、専門書的な側面もございます。

また、高橋さんのように実際に事業承継やM＆Aを経験した経営者の解説や、細谷さんのように今後の働き方や、仕事を行う上での人の流れを解説したものなど、身近な体験を元に書かれている章立てもあり、読みやすく、バラエティ豊かな内容になっております。

それだけこの事業承継というものは奥深く、多くの専門家が携わらないと解決できない問題でもあります。

最後に、本書の制作にかかわってくださった方々へ。

まず、多忙を極める中、執筆メンバーの旗振り役として活躍していただいた共著者の佐藤良久さん、我慢強く執筆のフォローをしていただいた幻冬舎ルネッサンス局編集部の並木さまにはこの場を借りてお礼申し上げます。

この本を手に取っていただくことで、事業承継でお悩みの方が一人でも多く、前に進んでいただけたら幸いです。

2023年1月　山田隆之

事《じ》業《ぎょう》承《しょう》継《けい》成《せい》功《こう》のトリセツ

2024年1月10日　第1刷発行

著　者　　佐藤良久　山田隆之　渡辺昇　林薫　笹山宏
　　　　　辻本恵太　細谷一樹　高橋大二
発行人　　久保田貴幸

発行元　　株式会社 幻冬舎メディアコンサルティング
　　　　　〒151-0051　東京都渋谷区千駄ヶ谷4-9-7
　　　　　電話　03-5411-6440（編集）

発売元　　株式会社 幻冬舎
　　　　　〒151-0051　東京都渋谷区千駄ヶ谷4-9-7
　　　　　電話　03-5411-6222（営業）

印刷・製本　中央精版印刷株式会社
装　丁　　弓田和則

検印廃止

Printed in Japan
ISBN 978-4-344-69015-8 C0032
幻冬舎メディアコンサルティングＨＰ
https://www.gentosha-mc.com/